梅村 達
TATSU UMEMURA

旅行業界ぶっちゃけ話

日雇い添乗員が見た
懲りない人々

清談社
Publico

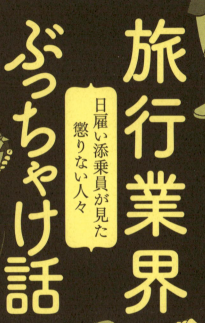

旅行業界ぶっちゃけ話

日雇い添乗員が見た懲りない人々

はじめに

添乗員としての地位が危うくなる話

私は一九五三（昭和二十八）年の生まれ。現在、七十一歳である。健康にはいたく恵まれている。何をするにも、まずは元気なのだ。だから何でもできる。

でも、することといえば、ほぼ決まっている。昔、取材した時に、「人生は引き算だ」と言った人がいた。自分の人生を見てみると、ほぼその通りだ。年を重ねるごとに、あれも引き、これも引き、となってしまう。

今では原稿の執筆、添乗業務といった仕事、そして自由な時間には読書、映画鑑賞、散歩のいずれかを繰り返す毎日となっている。

私はもともとライター稼業をしていたが、業界が縮小方向へと向かい、仕事がどんどん減ってきた。そんな時に知人に紹介されたのが旅行会社の添乗員であった。

その後、派遣会社に移って様々な旅行会社の仕事をした。私に合う会社もあれば、まったくダメという会社もあった。まあ、それは旅行会社が添乗員を見る目もあるだろう。お互い様なのだ。

そして客商売とはいえ、いろいろな人と出会った。九五パーセントと大半の人は常識的だった。しかし五パーセントほどは、ちょっとね、という人なのだ。中には文句ばかり言う人もいた。

そんな添乗員の世界で、いろいろあった。それをいつかは書籍化したいと考えていた。

さて、この作品は初めて出版社側から執筆の依頼を受けて書いたものである。

その経緯はこうだ。『派遣添乗員ヘトヘト日記』（三五館《さんごかん》シンシャ）、『旅行業界グラグラ日誌』（朝日《あさひ》新書）の添乗業務に関する二作品を出版した私は次なる作品として、あるホテルチェーンの原稿を執筆した。

ところが、その原稿を方々《ほうぼう》の出版社に送ったものの、いずれも、いい返事をもらえなかった。

その中で清談社《せいだんしゃ》Publicoだけは、「弊社には〝ぶっちゃけ話〟というシリーズがあります。今回のホテルの原稿は難しいですが、添乗員関連の原稿をまた執筆してくださいな」とのメールをくれたのだった。

そのメールを頼りにして再び添乗員ものに挑むことにした。

しかし、添乗員の関連のものは前二作で書き尽くした感があった。それを何とかもう一度ネタを精査し直し、何とか書き上げたのが今回の『旅行業界ぶっちゃけ話』である。

前に二作も出して経験を積んだせいか、出来としては、ひじょうに満足している。

「ぶっちゃけ話」というくらいで、添乗員としての地位が危うくなるスレスレの話も書いている。ぜひ、ご笑覧くださいませ。

旅行業界ぶっちゃけ話

日雇い添乗員が見た懲りない人々

CONTENTS

目次

はじめに　添乗員としての地位が危うくなる話　3

第1章　旅行業界の儲けのカラクリ

恥ずかしき第一歩　16
宿泊料金の表と裏　20
腹パンパンだよ、添乗員は　26
呑み物サービスのある宿　30
宝石店の作りしツアー　34
握り飯の美味しい土産物店　38
早く言ってちょうだいな　43
ウハウハ度満点のツアー　47

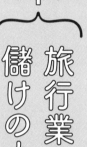

CONTENTS

第2章

カスハラとの仁義なき戦い

危ない集団のツアー 52
缶コーヒーをおごらせた女性 56
宿を出て、すぐに爆発だ！ 60
配り物がないのだ 64
怒鳴りまくる奥さん 68
奥さんを叩いたら 71
ツアーの翌日にクレームが 75
参加者が万引きだ！ 79
バスに酔った人をなぐさめる 84

第3章

旅行業界の懲りない面々

セカンド（次長）はつらいよ……88
ドライバー列伝①―問題ありありのドライバー……93
ドライバー列伝②―アンケートで嫌われたドライバー……98
ドライバー列伝③―車線を変えないドライバー……102
男性のバスガイド……106
添乗員列伝①―キャンセルの多い添乗員……110
添乗員列伝②―強気の現金バック交渉……113
添乗員列伝③―売れっ子添乗員の女の戦い……116
旅行会社の社員列伝①―ぬるま湯体質を変えた男……120
旅行会社の社員列伝②―言うことがコロコロ変わる男……124

CONTENTS

旅行会社の社員列伝③ 社内政治に翻弄される男 127
旅行会社の社員列伝④ アホな担当者に泣かされた 130

第4章 海外ツアー徒然日誌

トルコのダンスショーの裏で 136
トルコの土産物店 142
不思議の国インド 147
タージ・マハルで熱中症に 152

第5章

添乗員は気楽な稼業と来たもんだ

今日の御嶽海 158
ツアーのあとに、どうぞ本を 163
ファンのドライバーと対面 167
ヤバい修学旅行 171
死亡事故のドタバタ劇 176
声が出ないよ！ 180
鼻薬が効きました 183
果物を狩るツアー 187
身体が不自由な人のツアー 192
期待してがっかり 198

CONTENTS

終章

我が人生という名の旅路

おばあちゃんと母親、二人の女性 204
身体の中に何かが訪れた！ 208
映画監督にもシナリオライターにも向かない 212
ついに出会った天職 216

おわりに ツアー添乗員の終《つい》の住《す》み処《か》とは 219

第1章

旅行業界の儲けのカラクリ

恥ずかしき第一歩

私が添乗員になったのは今からおよそ二十年も前のことだ。知り合いからある旅行会社のアルバイトを紹介され、やることにしたのだった。

それで、その会社の面接を受けにいった。私を面接したのは営業所の次長であった。その次長が、「ケータイがないと、この仕事は無理ですから」と声を張り上げた。

世間からズレていた私は当時、すでに持っているのが常識のそれを所持していなかったのである。私としてはケータイ電話なんて面倒くさいものは、まっぴらであった。

しかし、それなくしては話にならぬというのでは、しょうがない。私はケータイを持つことにした。

そうして満を持してなった添乗員の初仕事は埼玉県の秩父《ちちぶ》への日帰りツアーであった。当時住んでいた千葉県の柏《かしわ》からは比較的に近く、手軽なツアーであった。

とはいえ、最初のツアーなので、私はコチコチに固まっていた。例の次長がニッコリして、「大丈夫。何の心配もいりません。ベテランのバスガイドがいるから、全部任せておけばいいの」とアドバイスをしてくれた。

その頃のバスツアーというのは、すでにほとんどがバスガイドなしのツアーであった。

そういう端境期に添乗員になったのは運が良かったのか悪かったのか。

とにかく初添乗の当日はガチガチになった。貴重なアドバイスに従って、バスガイドに、

「今日が添乗員として初めての仕事です。よろしくお願いします」と深々と頭を下げた。

相手のガイドは五十代半ばくらいであろうか。「そうなの、フフフ」と言ってニンマリと私を見据える。親切そうな感じの人なので安心した。

そうしてツアーはスタートした。だが緊張のせいか、あとのことはまったく覚えていない。参加者を集めたこと、参加者への最初の挨拶など記憶の一片もないのだ。

はじめの観光地に着いてガイドに「ここは三十分でＯＫだから」と言われ、その通りにした。以下、その日はバスが停《と》まるたびにガイドの指示通りに時間配分などを行った。

昼飯も何を食べたのか、まったく忘れ果てている。ただドライバーとガイドがケタケタ笑いながら食事していたのを妙に覚えている。

だからツアーの記憶というのが、まったくもって欠落してしまっている。ただ一点、覚えているのは、山ブドウ屋さんの車内販売のことである。

当時のバスツアーでは山ブドウの業者が添乗員に頼み込んで車内販売をすることがよくあった。この時のツアーではガイドが仕切って山ブドウ屋さんと話をつけた。業者はバス内のマイクで、「山ブドウを召し上がると、健康にいいですよ」という口上を述べてから販売する。これが旅先ということもあって、不思議とよく売れるのであった。何でそのことだけを覚えているのかといえば、山ブドウ屋さんは添乗員、ドライバー、ガイドに千円ずつ手数料を払うのだ。だが私はその時に手数料をもらわなかったのである。何度もツアーに出て、それで判明したことである。あの人のよさそうな顔をしたガイドが実は人の手数料をネコババする食わせ者だったのである。

とにかく私にとっての第一号のツアーは無事に終わった。これ以外の記憶は何も残っていない。その時の参加者は添乗員の私をどのように見ていたのかしらんと思う。

その後、その旅行会社でしばらく仕事を続けた。当然、そのバスガイドとは何度もいっしょに仕事をしたものである。

最初に仕切られてしまったせいか、その後のツアーでも、ここは何分、あそこは何分という指示を出された。

ガイドの言う時間はたいてい指示書より短かった。きっと早く仕事を終えて帰りたかったのであろう。

指示書ではなく、私はガイドの言う通りにした。力関係というのだろうか。ガイドの指示に逆らうなど初心者添乗員にはできないことであった。

けれども山ブドウ屋さんは違ったのだ。仕事をする時に山ブドウ屋さんは添乗員の許可をもらうのだ。だから、まず私と山ブドウ屋さんの話し合いからスタートする。

それで手数料も私が添乗員、ドライバー、ガイドの分を受け取る。私は苦笑いを浮かべながらガイドに手数料を渡した。

ガイドのほうではネコババした例のツアーのことなど、きれいさっぱり忘れ去ったみたいだ。平気な顔をしてお金を受け取った。

まあ、それくらいの神経でなければ、この業界で飯など食ってなんかいけるわけがないのだが。

宿泊料金の表と裏

私はこれまでに二十年ほどの添乗員生活を過ごしている。いろいろな縁があって、ここ何年かは長野にある派遣会社で仕事をいただいている。

長野というと松本《まつもと》空港がある。日本の空港の中では最も標高の高い場所（六百五十八メートル）に位置している。それだけに霧が発生しやすいなど何かとトラブルの多い空港ではあるが。

二〇二三年五月のある日、その空港出発のツアーに添乗した。行き先は岡山県の倉敷《くらしき》、香川県の小豆島《しょうどしま》などである。初日に倉敷の美観地区、二日目は小豆島を回るという二泊三日のツアーである。

小豆島には近年、何度も訪れている。というのも近頃はエンジェル・ロードが人気を呼んでいるのだ。それは一日に二回の干潮の時に海の中から現れる砂の道のこと。テレビドラマで取り上げられて人気に火がついたそうな。

それ以前に島に来たのは十年以上も前のこと。「二十四《にじゅうし》の瞳《ひとみ》映画村」など比較的小規模な施設（ごめんなさいね）しか思い浮かばない島としてはエンジェル・ロードは思いがけないビッグヒットではあるまいか。

エンジェル・ロードを見学するために、日本はおろか世界中から、この島に人が訪問するというのだから二度びっくりである。たしかに海から現れた砂の道を目にした時には心がジーンとしてしまいましたとも。

そのような感動的な出会いを経て、最終日は夕方に兵庫県の神戸《こうべ》空港から松本へと飛行機で飛び立つ。三日目は雨こそ降られたものの、飛行機にさえ乗ってしまえば、もう大丈夫だ。飛行時間はおよそ一時間で、間もなく松本である。

と思っていたら、何と飛行機は松本空港に降り立たない。やがてキャビンアテンダントから機内にアナウンスが入り、空港には霧が立ち込めているとのこと。

やがて飛行機は大きく旋回して再度、空港へと向かい、高度を下げていった。けれども結局、地面から遠ざかっていくではないか。また放送が入り、飛行機は着陸をあきらめて神戸に戻るということであった。

エーッ、そしてガーンである。多少の霧なんか気にしないで地面に降りてくれよ。

普段なら、そのようなことがあっても、どうということもないのだ。だが私は次の日に長野から九州に行くツアーの仕事が入っているのだ。

添乗員というのは、そう簡単に代わりは見つからない。何しろ私はそのツアーのために、この小豆島へのツアーの前に二時間も準備をしていたのだ。

そういう準備作業もなしに、いきなり添乗をしろと言われても無理というものだ。しかし、現実的な問題として私は明日は長野出発はダメなのである。神戸に戻ったら、とりあえず派遣会社に連絡を入れなくては。

再び神戸空港に戻る。飛行機から降り立った私は、まず現在のツアーの旅行会社に話して霧のために神戸に戻ったことを伝えた。続いて派遣会社に連絡して明日のツアーには出られないことを告げた。

まず今のツアーは参加者に一時間の猶予をもらう。その間に参加者には空港のレストランで夕食を摂《と》るなどしてもらう。その時間を利用して私は、まずは明日の飛行機の搭乗券を手に入れなければならないのだ。

空港のカウンターで列に並んでいる間、今のツアーの旅行会社と派遣会社から交互に連絡が入り、えらい忙しい思いをした。

とくに明日のツアーは、まず今から添乗員を探すこと、その添乗員がツアーの準備をどうするかなど問題が多すぎる。

そもそも派遣会社に問題ありなのは、仕事のスケジュールがきつすぎて、何かあった時に、こういうトラブルになってしまうということだ。私のほうからそんなことを言っても仕方がないのであるが。

しばらくして派遣会社から吉報が入る。ようやく明日の添乗員が見つかったとのこと。その人は以前に明日のツアーと同じツアーに添乗の経験があるそうだ。だから何とかなるであろうとのこと。私もとにかくホッとした。

やがて今の旅行会社からも電話があった。今日のホテルがようやく見つかったとのことである。

ただ、そこで驚愕《きょうがく》したのは参加者に提示する宿泊料金である。旅行会社はホテルから安い価格で部屋を仕入れた。

それを参加者に少しずつ金額を上乗せして集める料金を設定している。こんな場合にもお金儲《かねもう》けするのかよ、と思ってしまった。

その上乗せ料金を集めるのは、もちろん添乗員である。何も知らない人たちからお金を集めるのは、なかなかに気が引けましたとも。

ただし参加者は料金に、とくに不満な様子は見せなかった。宿泊したホテルは駅前の高級そうなところ。そこにそこそこの値段で泊まったのだから、料金の裏側など知るよしもないのだ。

そんなことをしている間に明日のツアーに決まった添乗員から電話が入る。明日のことをいろいろ聞かれて、それに答えた。

そうして、やがて今夜のホテルに着く。フロントで鍵をもらって参加者たちは部屋へと向かった。それから私はフロントで例の問題なる料金を払った。

おそらく旅行会社は私のこのホテルの宿泊料、そして明日の添乗代金、その他もろもろを先ほどの差額でまかなうのであろう。まったく、しっかりしていることよ。

次の日は夕方の便で松本へと帰った。例の二段構えの料金もあって、何となく参加者と目を合わせるのが気まずかった。

この日はものの見事な快晴で、前日の天気がウソのようであった。参加者の中には兵庫県の姫路城《ひめじじょう》まで足を延ばして観光した人もいたようだ。

ところでツアーの宿泊の延長はこれで三回目。一回目はトルコで、この時は日本語ガイドが所属している会社にすべてお任せ。まことに楽であった。

二回目は名古屋《なごや》の特急電車が運休になった件。翌日の長野行きの切符を手に入れるのにヘトヘトに疲れ果てたツアーである（一二九ページ）。

そして今回の三回目。とはいえ、飛行機の翌日の搭乗券を手に入れるのは、それほど苦労でもなかった。しかし、ホテルの料金の表と裏には、まいりました。

参加者は皆、いい人ばかりだった。それでも、そういうこともあったのだから、後味の悪さという点では延長ツアーの中で今回のツアーがピカイチである。

腹パンパンだよ、添乗員は

添乗員というのは泊まりのツアーなら一日三食はついてくる。朝晩は旅館やホテルで、そして昼は食事処《しょくじどころ》で、だ。高級なツアーだと宿の食事もデラックスになる。ちょっぴり贅沢《ぜいたく》な気分になっちゃったりして。

日帰りのツアーだと昼食がつくのみである。けれども添乗員にはちゃんとタダ飯が食べられる場所があるのだ。だから日帰りツアーでも満腹なのだ。

どこで食べられるのかというと、高速道路のパーキングエリア、サービスエリアである。そういう施設の中には添乗員にサービス食を提供してくれる、我々にとっては貴重な場所があるのだ。

もちろん、その施設としてはツアーの参加者が目当てなのである。三十名から四十名の参加者に何かを買ってもらおうという目論見《もくろみ》で添乗員にサービスしているのだ。

ツアーのバスは、たいてい一時間半から二時間走るとトイレ休憩をしなくてはならない。これは人間の生理現象を考えると当然のことであろう。

新潟発のツアーバスに乗ったことがあるが、この時ばかりは一時間おきにトイレとなる。バスガイドにそのことを言ったら、新潟の方はバス内で酒を呑《の》むから、あちらが近いとのことだ。

そのトイレ休憩に立ち寄るサービスエリアの食事処などで添乗員に出してくれるところは出してくれるのだ。

たいていはラーメン、そば、うどん、カレーライスの類い。中には定食などの本格的なものを提供してくれるところもある。

だからトイレ休憩というと、私の場合、だいたいが同じ場所に寄ることになってしまう。もっとも、小さなパーキングエリアだとトイレが狭い。それで参加者全員がトイレを済ますのに時間がかかるというマイナス点もあるのだが。

トイレ休憩の時間は十五分、長くても二十分だ。だから添乗員は急いでトイレを済ませ、それから十分弱で早飯を終えるというわけだ。目が回るほどに忙しい。

ドライバーはたいていタバコを吸う。したがって彼らはこの時間にコーヒーとタバコでおしまい。中には、それに早飯をプラスするという猛者《もさ》もいたりはするが。

そんな神業めいたことをするのは、女性の添乗員には無理。たいていはお茶などを飲んで静かに過ごしている。けれども、これにも例外があって、サッササッサと召し上がる女性《レディー》もいたりして。

そういう具合に添乗員はタダ飯にいくらでもありつける。ツアーによっては一日中食べ続けているという好き者もいたりする。

食事のほかにも飲み物、菓子などを出してくれるところもある。こと食べ物だけには不自由しないのだ。

だから添乗員の体型はワガママなのが多いでしょう。そして、なおかつ見た目が品格に欠けるきらいがあるでしょう。何しろガツガツ生きている輩《やから》が多いのだもの。もちろん私もその一人だが。


数多くあるその手の施設の中で私が最も気に入っているのが埼玉県の関越《かんえつ》自動車道の三《み》芳《よし》パーキングエリアの下り線である。ここのラーメンがなかなかに旨《うま》いのだ。

それにニンニクのすったのを入れて食べるのが私の好みなのだ。もちろん添乗員というのは参加者の前でマイクを使って話をしなければならない。だから臭いを気にしなければならないのが残念なのだが。

新型コロナウイルスが猛威をふるっていた時期には臭いを消すという意味では助かった。何しろ、この期間にはマスクをしていたものね。だからコロナ禍が収まりかけた頃にも私はニンニク入りラーメンのためにつけましたとも、マスクを。

ある時、例によってラーメンを食べ終えてバスの前に立って参加者が帰ってくるのを待っていた時のこと。帰ってきた人がニヤリとして、「ここのラーメンは美味《おい》しいのかい」と私に声をかけてきた。ドキリである。

食べる時はたいてい奥のテーブルで、参加者の目につかないようにしている。それでも見る人は見てしまうのだ。私は照れ笑いを浮かべて、「ええ、まあ……」と、ごまかしておいたが。

もっとも最近は長野地方を添乗員の舞台としているので、三芳はご無沙汰もいいところなのが残念。以前は群馬県の前橋《まえばし》付近で活動していたので、三芳は庭のようなものだった。

それでも長野は長野でタダ飯処というのはワサワサあるのだ。乞食は三日やったらやめられないという。添乗員にしても似たようなところがあったりして。

という次第で、添乗員は収入がグッと少ない、けれどもお腹《なか》はパンパンなのだ。

呑み物サービスのある宿

我々添乗員が厄介になる宿では、いろいろなサービスを提供してくれるところがある。以前はアルコールなどの呑み物はご自由にという宿がそこそこあった。ツアーが旅館にチェックインする。すると応対に出た係が「お部屋の冷蔵庫の中はご自由に」と言ってくれるのだ。うれしいね。

ご自由にとまではいかないが、一本サービスしてくれる宿屋さんはけっこうある。そうなれば嫌いではない私としてはニンマリである。

さて、旅行会社の中には夕食、朝食を添乗員が参加者といっしょに摂らねばならない厄介なところもある。

そうなると宿の呑み物サービスも面倒なことになってしまう。私はタダでいただけるのであれば、いただいていますよ、もちろん。堂々と呑んでいれば参加者は誰も文句なんか言わない。

それどころか、ごくごく稀《まれ》にではあるが、こんなうれしいこともある。参加者が私のところにやってきて、「添乗員さん、今日はごくろうさん」と、さらなるビールをごちそうしてくれるのだ。

私は酒だけはやめられない。そういうわけで宿のサービスがあってもなくても、グイッと一杯ひっかけるんだけれどもね。

北海道の音更《おとふけ》町に十勝川《とかちがわ》温泉という素晴らしい温泉地がある。モール泉という植物性の温泉で有名なところだ。その温泉街から少し離れたところに少々ひなびた宿があるのだ。

あるバカ当たりしたツアーで、そこに五回、立て続けに泊まったことがあった。その宿屋さんが夕食にアルコールを一本、サービスしてくれるのだ。

ツアーでその宿に泊まった折に、私はまず参加者を食事のテーブルに案内した。それからモール泉に入り、参加者が食事を終えた頃を見はからって食事処へと足を運んだ。

ところが食事の席はほぼ満席で大にぎわいなのだ。私は頼まれもしないのに料理を運んだりしてお姉さん方を助けてあげた。

すると、あるお姉さんが上機嫌で、「何でも好きなものを呑んでよ」とくる。本来のサービスはビールか日本酒のいずれかだ。

何でもいいならとワインを選んだ。その夜はハーフボトルのワインでいい気持ちになっちゃった。

それから、ここに宿泊するたびに、私は進んで夕食時に助っ人として、ちょこちょこ手伝いをした。無論、そのあとのワインが目当てなのだが。

ある時の夕食には手伝おうにも、それほど混んでいない時もあった。そんな折でも例のお姉さんは黙ってワインを出すのだ。うれしいねぇ。

もう少しこの宿屋さんに泊まっていたなら、そのお姉さんと何かが起こっていたかも。それくらい気心が通じ合っていたのだ。

さて、この旅館のことをもう一つ述べたい。ひなびた宿といったが、館内に飾ってある芸能人の色紙がすごいのだ。島倉千代子《しまくらちよこ》、都はるみ《みやこ》、石川《いしかわ》さゆりなど一流どころである。なぜ、こんなひなびた宿屋さんに、そんな一流の歌手の色紙があるのか。すると芸能に明るい参加者が教えてくれるのであった。

「ああいう歌手には追っかけのファンがいるのよ。だから全国どこでショーを開いても、そういうファンが駆けつけて、そこそこの売上になる」とのこと。

また、例のお姉さんによれば、この宿の女将《おかみ》はそういう歌謡ショーの方面では相当に有名な人らしい。その女将の引きで一流の歌手が北海道のこの温泉地までやってくるのだということ。

一見、ひなびた旅館だが、温泉は素晴らしい。一流の歌手は来るし、酒も気前がいいとくる。ひなびた外見からはわかりませんぞ、中身というのは。

宝石店の作りしツアー

山梨県の甲府《こうふ》近辺は宝石商のメッカである。その周辺では山に行けば水晶がゴロゴロしていたという。それで水晶を研磨する技術が栄え、それが宝石店へと発展していったというのである。

もっとも現在の水晶はほとんどが外国産。だから、この話に飛びついて甲府近辺の山に拾いにいってもムダなことになってしまう。

また、甲府には全国で唯一の山梨県立宝石美術専門学校という公立の宝石の専門学校がある。甲府がいかに宝石の町であるかは、これでおわかりかと思う。

私がヨチヨチ歩きの添乗員の頃は山梨への日帰りツアーが多かった。その頃のベテランドライバーによれば、昔の昔は宝石店もたくさんあったという。その中から商売の下手《へた》なところは、だんだん閉店していったとのこと。

結果として現在では、いくつかの宝石商だけが生き残った。それらの店は今では大御所のような存在になっている。

実際にそのうちのある店などは、ほかにも宝石店を経営。いわば一大宝石チェーン店を作り上げたというわけだ。

しかも宝石店だけでなく一般の土産物店や温泉施設などにも手を伸ばしている。いわば幅広く経営の領域を広げた地元の有力企業なのである。

そんな大御所店が中核となって旅行会社に企画を売り込んでいる。もちろん立ち寄るのは自社のグループ会社だ。

まずは大御所の宝石店に立ち寄る。するとスタッフの言葉遣いの丁寧さに舌を巻いてしまう。客であるツアーの参加者にはもちろん添乗員に対しても、だ。

添乗員はスタッフに参加者を任せると休憩所に直行する。そこでコーヒーや菓子などをいただく。そして頃合いを見はからって観光バスの前に戻る。

たいていは出発時間の五分前までには参加者は勢ぞろいしている。だが稀に戻らない人もいたりする。

どうしたのかと思って宝石売り場に行ってみる。すると、そこにはうっとりした顔の参加者がいるのだ。うっとり顔の視線の先にはキラキラの宝石。

やがて出発時間を少し過ぎて幸せそうな参加者とバスに戻る。そうしてバスはやっとこさ店を出ていく。スタッフたちのニコニコ顔に見送られて。

大御所店のほかの土産物店でもスタッフの親切さは変わらない。きっと大御所店からの教育が行き届いているのだろう。

そして共通しているのは添乗員に対するサービスの質の高さ。ある店ではソフトクリームを出してくれたり、別の店では菓子を出してくれたりなど至れり尽くせりなのだ。

私は原則としてソフトクリームは食べないことにしていた。かつてソフトクリームで腹を壊し、ひどい目にあったからだ。

トイレに行きたいが、まさか添乗員の腹痛のせいでツアーを中断するというわけにはいかない。ウンウンうなりながら必死に耐え抜いた。あの地獄の苦しみはごめんなのだ。

と思っていたが、ここのソフトクリームの美味しいこと。それで食べたあとはホットコーヒーで腹を温めて調整することにしている。

それ故に大御所グループを回ると腹はもうパンパン。そのうえに食事処での昼食となるから、これはもうある種の拷問みたいなもの。

ならば土産物店でいろいろ食べなければいいだろうって。それが目の前に出されると、ついついとなってしまうのだ。

その後、添乗員の年数を重ねて、ほかの地方にもツアーで出かけた。ところが、ほとんどの地方が山梨ほどの充実したサービスを提供してくれることはない。

現在の私には長野を中心に泊まりの仕事が多い。とはいえ、たまには山梨にも行ったりする。

すると大御所系列の各店舗は昔と変わらずにサービスが濃い。すると、こちらまで新人の添乗員に戻ったような郷愁に誘われてしまうのだ。

握り飯の美味しい土産物店

旅行業界は世の中が平和な時に栄える。逆にいうと世の平安が崩れた時にはガタガタになってしまう。最近では二〇二〇年から新型コロナウイルスが蔓延《まんえん》した折が、もう悲惨もいいところであった。

それ以前はというと、二〇一一年の東日本大震災が起きた頃である。この時には東北地方が被災地であった。そして、それ以外の地方でも自粛ムードがいっきょに広がって旅行どころではない雰囲気であった。

そのような時に派遣会社から、「買い物ツアーの仕事なら、いくらでもありますよ」と言われた。買い物というのは宝石のことである。

宝石店なら普通のツアーでも行くではないか。宝石店がメインといっても、それほど普通のツアーと変わらないのではと気軽に引き受けることにした。

ところが普通のツアーの宝石店は滞在時間が四十分ほど。観光地や土産物店などをめぐる中に、ぽつんと一軒だけ宝石店が入っているという按配《あんばい》なのだ。

しかし、今回の宝石商のツアーは、そこだけで何と一時間半もいる。宝石店でのショッピングこそがツアーのメインとなっているのだ。

ところが、である。肝心のツアー代金は必要なし。タダなのである。これは旅行する側としても、ひじょうに悩ましいのでは。

その買い物ツアーの概要は以下の通り。出発地から山梨へと赴く。メインの宝石店をはじめ、三軒ほどの土産物店に立ち寄る。

季節を代表する観光スポットにも一カ所は立ち寄る。たとえば桃やブドウの時期には桃狩りやブドウ狩りといった具合だ。

そして昼食がまたデラックスなのだ。昼食の格でいえば、料金を支払う旅行会社のツアーより、むしろランクアップしている。

さて、問題は宝石店である。まずは三十分ほど店のスタッフから宝石の説明がある。これがまたユーモアに富んだおしゃべりで、その洗練された話術は見事というほかない。

そうして残りの一時間ほどが買い物タイムとなる。もちろん参加者のほとんどは宝石などに関心がない。だから暇な時間となってしまうのだが。

その間、バスは宝石店の裏側に移動する。参加者からは見えない場所にこっそり停まっているのだ。いうまでもなく店側の指示で、だ。

この手のツアーの主催者はパン屋さんや温泉施設など、一般の商店の顧客に抽選券を配る。そうして当選と称して買い物ツアーのタダ券を配るのである。

渡す相手は女性の一人客。一人参加は心細いと亭主や家族、友人などを連れてくればバカ高いツアー代金を取る。だいたい四十人が参加すると十人ほどは金銭を払って参加する。

以前、この手のツアーで、どこかの店舗で宝石に興味のない人に押し売りみたいな強引なことをしたことがあったようである。それで今は売るほうとしてもソフトな応対をしているようだ。

宝石の売上、実費でツアーに参加した人の代金、そして土産物店からの手数料。それらで経営はウハウハなのであろう。私がこの手のツアーの添乗員をしていた頃には、けっこうツアーの数も多かったものだ。

行く場所は一〇〇パーセント、山梨のほぼ同じところだ。一方、出発する場所は山梨周辺の地域なのだ。

たとえば出発地が群馬県の前橋としよう。その日のツアーが夜の八時か九時に完了したとする。そうすると添乗員は次の日のツアーの出発地である群馬県の高崎《たかさき》に移動する。

前橋から高崎への移動だと電車でだいたい十五分。それが場所によっては一時間も移動時間がかかってしまうこともある。疲れた身体《からだ》でのその移動が大変なのだ。

泊まるのは地元のビジネスホテルで、もちろん素泊まり。最初のうちは近くのコンビニでパンなどを買って朝食を摂っていた。しかし、そのうちに出発ギリギリまでぐっすりを選ぶようになる。

結果、ホテルで目覚めて、顔を洗って、すぐに出発である。朝ご飯を抜いて大丈夫かって？　大丈夫なんだな、これが。

山梨の最初に寄る土産物店がワサビ店なのだ。何と、そこに握り飯とみそ汁が用意してある。そこで食べた手作りの握り飯の味は忘れられないよ。

その店の滞在時間は二十分ほど。朝食を摂って、コーヒーを飲んで、実に幸せな気分なのだ。私にとって、このツアーの唯一、満足な店であった。

そんな満足な店があるのだから、その買い物ツアーをバンバンこなしたかというと、それがそうでもないのだ。

まず普通の旅行会社が販売するツアーが、自粛ムードが解き放たれて、じょじょに復活してきたのだ。そうなれば、もとのツアーに戻りたくなるのが人情というものだよ。

それに宝石店がうさんくさいといったらない。宝石に関心を持つ人を狙い撃ちにして集中攻撃するのはあくどい。しかも参加者が逃げられないようにバスを隠すというのは悪賢いやり方だ。

さらに売っている宝石が、どうにもいかがわしい気がしてならない。そんなこんなで、こちらまで悪事に加わっているような気がしてしまう。それで、すっぱり、手を引きましたよ。

そのツアーの添乗をしていた時には、もちろん自宅から行くのは無理。だいたい一週間から二週間ほど各地のビジネスホテルを泊まり歩きましたね。

今でも時々、土産物店でその手のバスツアーを見かけることがある。あの時に感じた怪しい気分は、もう二度とごめんだよ。

早く言ってちょうだいな

それは二〇一七年、九州に行くツアーのことである。東京の羽田《はねだ》から福岡まで飛行機で飛ぶ。そして北九州の各地をめぐって再び羽田に帰ってくるというツアーだ。

初夏の太陽がまぶしくなってくる頃である。午後に福岡空港に到着した。我々三十八名のツアーの到着を今か今かと待ち構えている人がいるのだった。

長崎の土産物の業者である。その土産物店が用意したものを私が受け取ってバスへと向かった。

バスに乗り、しばらくして落ち着いた頃に業者から預かったものを参加者に配り始めた。明太子《めんたいこ》、カステラなどの九州の逸品がズラリと並んだパンフレットである。

その業者はセールスポイントとして、「当社に任せていただければ、九州のお土産はすべて大丈夫。混雑している店でレジに並ぶ必要などなし。しかも一万円以上買っていただければ、ご自宅まで宅配便の無料サービスもあります」というサービスをうたっている。

私は今回のハードなツアーのスケジュールを考えて、ろくに宣伝もせずにパンフレットを配った。だが、たいした宣伝もしないのに、それなりに土産を買う人がいたのである。購入者が多いと添乗員にも手間がかかってしまう。夕方に旅館に入って、車内販売の集計をして、土産物店に電話を入れる。

同業者の中には面倒くさいので車内販売はしないと公言している者もいる。私はいつも車内セールスが売上ゼロではまずいと思っている。それで、ほどほどに売っているというのが実情である。

それで今回のツアーでも土産物店にそのことを伝えた。すると相手側は、「そんなことをおっしゃらずに、販売に力を入れてください」とのこと。

くわしく書くと一万円の販売につき五百円の商品券を私にくれるとのこと。商品券がその店でしか使えないのが残念だが、でもまあ、そういうおいしいことは早く言ってくれなきゃ。それなら売り方も変わってくるのだ。

大方の車内販売の業者が添乗員に何かしてくれるということはない。だから、たいていの添乗員も冷めた態度で販売する。

しかし、十社のうち一社ほどは、ちゃんと売る立場の者の気持ちを考えてくれる。この長崎の土産物店が、まさにそれなのだ。

幸いなことに、このツアーは大人気で、私はまだまだこのツアーの添乗をすることになっている。よし、再び九州に足を踏み入れたら、しっかりセールスするぞ。

三日して再びそのツアーの添乗をすることになった。福岡空港で業者から例のパンフレットをもらう。今回は気合いを込めて配り、ネチネチと説明を加えた。

そんなこともあって前回とは比べものにならないほど売れましたとも。そして、ありがたいことに二組、たっぷり買ってくれる人がいたのだ。そういう人はツアーの中で一組か二組はいるものである。

宿屋さんから業者に電話すると、「ずいぶん売ってくれましたねぇ」と感心の声しきり。売れば売っただけ、こちらにも入ってくるものがあるとわかれば、いろいろと変わるのだ。

今回のこのツアーに加えて、あと二回、同じツアーに参加した。とくに最後のツアーは大口の購入者が三組もいて、こちらとしてもウハウハの気分になった。

このツアーの最終回で、これまでにためた商品券で明太子やカステラ、そのほかの品々などを購入した。一万円を楽に超える金額だったので自宅に送ってもらった。

最後にこの業者から、「次回もまたバンバン売ってくださいな」と声をかけられる。私もまた、「頑張りますとも」と返しましたとも。しかし、その業者の品を売るのは、その時が最後となってしまった。

その後も、このツアーの旅行会社での北九州方面へのツアーには、たびたびにわたって参加している。しかし、なぜか、その業者の車内販売は行われないのだ。

自宅に送ってもらった明太子は味のほうはいまいちであった。もしかしたら参加者の中から、そのことで旅行会社にクレームをつけた人がいたかもしれない。

現在のツアーでは、その業者もそうであるが、車内販売というものがほとんど消え失《う》せている。

ウハウハ度満点のツアー

ずいぶん昔に岐阜から京都に訪れるツアーの添乗業務についた時のこと。観光バスで岐阜から京都へと赴いた。三日間にわたって嵐山《あらしやま》や清水寺《きよみずでら》など京都の名だたる観光地をめぐった。

そして三日目。これから岐阜に帰るという最後の京都の地で土産物店へと寄った。もともとこのツアーの参加者は土産物店の類いに寄るたびに両手に買った荷物をぶら下げてバスに戻るという人が少なくないのであった。

土地柄というものもある。都会の人は土産に執着しないが、ローカル色の強い地に暮らす人は、その逆の傾向となる。

その最後に立ち寄った店というのが、また品ぞろえがすごかった。参加者たちも、これで京都とお別れということで、また一段と買い物心に火がついたのであろう。

旅に出ると買い物に目がなくなるという人は多い。友人、知人、そして近所の人たちへと何くれとなく買う人がいる、そういう人は自分の分も買うのかしらんと思ってしまう。

やがて、その店の主人と思《おぼ》しき女性が私を呼んだ。何ごとかと行ってみれば、「たくさん買い物をしてくださったお礼です」と紙包みをよこすではないか。中にはお金が入っていた。まだ経験が浅かった私は、たまげたものだ。そしてまた、喜びましたとも。添乗員というのは、こういう余禄《よろく》もあるのかと思いを新たにした。

その後、添乗経験を重ねていくと、この店のような例は数え切れないほどあった。そればかりか売上に応じてパーセントの手数料をくれるというところまであるのだ。

そういう店で参加者がけっこうな量のものを買うと、私の懐にもそれなりに入る。そうなると、その手の土産物店に寄るのがウハウハの一つとなった。

ただし上記のような土産物店には難点がある。一期一会といっていいくらいに再びそこに行くことはめったにない。そこが添乗員のつらいところなのだ。

ところが最近よく訪れる場所でパーセント手数料の店と出会ったのである。

旅行会社はツアーの行程を記した指示書というのを添乗員に配る。指示書ではその土産物店のある場所で観光することになっているが、その店に行けとは書いていない。つまり、その店に寄っても旅行会社に手数料を出さなくてもいいのだ。

店があるのは小豆島だ。小豆島というと、私が添乗員としての初心者マークをつけていた頃を思い出さずにはいられない。添乗員に実によくしてくれる店が多いのだ。どの店に寄っても添乗員に土産物や菓子を出す。昔は業界ではそれが、ごく普通であった。けれども近頃はせちがらくなったのか、大半の店が何も出さない。

小豆島のその土産物店は船で島に渡って最初に立ち寄る店なのだ。小豆島はそうめん、オリーブなどが特産品である。

その特産品をはじめとして島のあらゆる品々がそろっている店なのだ。「この店で小豆島の何でも買えちゃいますよ」と私も声を大にして宣伝する。

店には添乗員の休憩室がある。そこでコーヒーを飲み、菓子を食べて一息つく。そして頃合いを見てレジへと赴く。

レジでは計算に忙しい。ツアーによっては出発時間のギリギリまで買い物を楽しんでいる人もいたりする。

私も店からの見返りを考えると、そんな参加者を急がせたりはしない。たんまり買い込んでくださいな、と祈るほどだ。

そうしてレジで手数料をもらう。買い物の多いツアーだと私の一日の添乗員の稼ぎに近い金額が入り込んでくることもある。もうウハウハである。

そんな時は、これから回る「二十四の瞳映画村」やエンジェル・ロードなどを気持ちよく案内できてしまう。まったく現金なもんですなぁ。

だから近頃は派遣会社から小豆島の仕事をもらうと、もうウハウハなのだ。小豆島は最近の私のお宝ツアーなのだ。

第2章

カスハラとの仁義なき戦い

危ない集団のツアー

今から二つの事例の話をするが、これはいずれも仄聞《そくぶん》である。その点を、まずはご了承願いたい。

まず、一つ目は女性添乗員とバスガイドの被害である。そのツアーはある宅配業者の社員旅行である。集まったのはその会社のドライバーたちだ。

そのツアーは一泊二日で栃木県の日光《にっこう》市にある鬼怒川《きぬがわ》温泉に泊まる。ドライバーは全員が男性で、若年層から中年までがそろっていた。

三十人ほどの男性たちの中に、ちょっぴり若い女性の添乗員と、中年のバスガイド。参加者のドライバーたちは酒を浴びて、いい気持ちにできあがっていた。

すると、そのうちに男性たちの一人が添乗員に話しかけてきた。「年はいくつなの」「結婚はしてるの」「彼氏はいるの」など、あれやこれやと、ねちっこく聞いてきた。

それらの質問は現代の基準からすると明らかにセクハラである。しかし、このツアーが実施された当時には、まだそういう概念はなかったという。

質問だけのうちは、まだよかった。そのうちにビールのお代わりをする人に添乗員がビールを届ける。その行き帰りに身体にタッチする輩が現れたのだ。

そんなことがあり、ビールを配るのは中年のガイドの役割となった。そんな中年にまで手を伸ばす者がいたという。アルコールというのは本当に怖いものだ。

そうして、どうにかこうにか宿へと着いた。そうしたら添乗員、バスガイドともに、それぞれの会社に、その日の出来事を報告。二人ともに「次の日の仕事は絶対にイヤだ」「代わりをよこしてくれ」と涙ながらに訴えた。

代わりをと言っても、そういうツアーの適任者などなかなかいない。それでも何とかその夜のうちに、かなりの年輩の添乗員とバスガイドが鬼怒川温泉までやってきた。二人はすでに引退して足を洗っていたのだが。

次の日、その二人が客たちの前に現れる。年を重ねた添乗員とバスガイドの前でドライバーたちはお通夜のようであったという。それはそうだろうね。

もっとも前日は半日、バスでいい気分。夜は宴会でガブ呑みと、相当にできあがってしまったが。

次の一日くらいは年長者たちのゆったりしたサービスを受けてシーンとしているのもい

いのではなかろうか。

次は消防団の面々の悪さだ。私も消防団のご一行様のツアーに二度ついたことがある。その二度ともがバス内は酒で大盛り上がりであった。

一度などは予定していた観光はすべてカット。いきなりバスは旅館に入って、そこでまた酒盛りという具合にハチャメチャのツアーとなった。

そういう荒くれ男どもを相手にしなければならないので、消防団によっては地元のバス会社に断られてしまう。それで少し離れたところにある会社のバスに乗るという複雑な手続きをしなければならない例もあるそうだ。

まあ、彼らは本物の「男の世界」に生きているからね。そういう荒ぶる男どもがいなければ火事などの惨事はとうてい収まらないのだ。

さて、問題のツアーは、そういう純然たる「男の世界」に、うら若きバスガイドがいたことが、そもそもの発端だ。例によってツアーは進み、男性たちのアルコールはグイグイと回っていく。

すると若い男性が突然立ち上がって、何とバスガイドを襲ってしまったのだ。シャツを破り、ブラジャーを剝ぐなどの不適切な行為をしてしまう。

仲間たちは酔っていたのであろう。ヤンヤの喝采を送る。一方のバスガイドは泣き叫び、抵抗する。映画ではないのだ。昼日中のバスの中のことなのである。

悪いのはもちろん、そんなことをする男性のほうだ。けれども、そういうギラギラの男性の集団に若い女性のガイドを出すというバス会社もバス会社なのである。

さすがにこの時は消防団の責任者が止めた。その責任者の喝で不適切な行為はストップ。以降はシュンとして静かなツアーになったという。それでその珍事もどうにか収まったのである。

その責任者が常識をわきまえた人で本当によかった。私が添乗したツアーの時には宴会で当の責任者が率先してハメを外し、不適切なことをしていたものね。

この事件なんぞは、セクハラというより、完全に事件として警察に届けなければいけないことだろう。それをうやむやにしてしまうところが客商売の悲しいところだね。

もちろん翌日はバスガイドなしのツアーとなった。誰も文句を言わなかったそうだ。

缶コーヒーをおごらせた女性

それはまだ私が添乗員を始めて間もない頃のツアーである。千葉県の柏から東武野田線《とうぶのだ》という私鉄が出ている。最近では都市化が進んで「アーバンパークライン」という愛称がついているが、鉄道ファンにはおなじみの「関東のシベリア鉄道」と呼ばれていたローカル色の極めて強い路線である。

その日、バスは柏を出発して流山市《ながれやま》にある最終出発地の野田線の江戸川台駅《えどがわだい》に着いた。そこで十五人がバスに乗る予定なのだ。すでに駅で待っていた人たちが続々とバスに乗り込んできた。

そこから七人の女性グループが乗ることになっていた。そのリーダーらしき人に聞くと、「すいません、まだ一人、来てないんです」とのこと。発車時刻まであと五分あった。

やがて発車の時間となる。「ごめんなさい。どうやら途中の道が混んでるみたいで」とリーダー。「バスのマイクをお借りしてもいいかしら。皆様にお断りしてきます」と言ってバスに向かった。

「皆様、おはようございます。私、今日、皆様といっしょにツアーに参加した者です。よろしくお願いいたします。それで皆様に一つ、お願いしたいことがございます。私の連れが車でここにまいります途中、渋滞に巻き込まれてしまったようです。間もなく到着しますから、今しばらくお待ちくださいませ」と言って頭を下げた。

リーダーは五十歳くらいの年齢だ。ハキハキした態度で、実にしっかりしている。ほかのメンバーも同じくらいの年だ。今日はパートの仲間で、いっしょに旅に出かけるのだという。

リーダーのマイクの声には凛《りん》とした響きがあった。その声に押されて反対の声も上がらなかった。

こういう場合の対応が面倒なのだ。その人を待つと時間通りに来ている人がバカを見るからである。

以前のツアーで出発時間に遅れた人を置いてバスが出てしまったことがある。もちろん旅行会社に電話して指示を受けたのであるが。

だが今日はリーダーの声に異議をとなえる人もいなかった。それで会社には電話せず、いまだ来ぬ人を待つことにした。

それに、ここ江戸川台はバスの最終出発地である。この先でバスを待つ人がいないのも幸いだったのである。

結局、その人は三十分近くも遅れて現れた。自分の車から夫婦で降りてくる時、二人とも引きつった顔をしていた。

「あんた、何やってんのよ。こんなに遅れちゃって。あんたが来るのを待って、皆さん、ツアーに出られなかったじゃないの。マイクを使って皆さんに謝んなさいよ」と、リーダーはその女性を思いっ切り怒鳴り飛ばした。そしてバスに向かった。

女性は、「皆様、申し訳ありませんでした」と言って深々と頭を下げた。続いてリーダーがマイクを握り、「こんなに出発が遅れてしまいまして。今、この人にコーヒーを買いに行かせて皆様にお配りしますので、どうかお許しくださいませ」と言って、マイクを置いた。

突然の意外な展開にバスの中はシーンとしてしまっている。

そしてリーダーと女性はバスから降りる。モジモジしている夫婦に、「早くコンビニに行ってコーヒーを買ってきてよ」と怒ったような声で言った。

そして私に「今日のお客さまは何人ですか」と普通の声で聞く。「全員で四十人です」と私。「ドライバーさんと添乗員さんの分を含めて四十二本ね」とリーダー。「いえ、私どもはけっこうです」と言ったが、強気のリーダーに押し切られてしまった。

そうして気の弱そうな夫婦がコンビニで缶コーヒーを買ってきた。それをバスに積み込んで、ようやく出発である。人のよさそうな旦那さんが、いつまでもバスを見送っていた。

バスが出発し、すぐに私はコーヒーを配る。ブスッとして受け取る人もいれば、ニコニコして受け取る人も。人は様々である。

それにしても、あの旦那さん、幹線道路の国道十六号で渋滞にあってしまったのか。このへんに住んでいて裏道を知らなかったのだろうか。

コーヒーを買った女性も、遅れたといっても、気の毒なことをした。あれだけ怒鳴られ、五千円ものお金を出したんだもの。

そしてリーダー。毅然《きぜん》としている点は認める。だけどねぇ……。皆さんは、どう思いましたか。

宿を出て、すぐに爆発だ！

今から十年ほど前に岩手県の一関《いちのせき》市にある厳美渓《げんびけい》や、平泉《ひらいずみ》町にある中尊寺《ちゅうそんじ》などをめぐるツアーに出た。けっこう盛況を呈していて、バス内はワサワサしていた。初日の旅館は中尊寺にほど近い場所に立っていた。翌朝、宿屋さんの出発は八時。参加者は七時から朝食スタートである。やや忙しい食事となった。けれどもツアーではよくある時間設定ではある。

だが、その慌ただしさが、あとでとんだことになろうとは、その時の私は夢にも思わなかった。

以前、長野の宿に泊まった折のこと。韓国人のツアーが七時三十分に出発とのこと。朝食の開始は七時。何とバスが出るまで三十分しか時間がないのだ。

この旅館に聞いたところ、「うちではツアーの出発時間に合わせて食事の開始時間を変えることは一切しない」という。

たったの三十分で食べてトイレを済ませろということか。まあ、そんなハードなツアーなど、めったにないではあろうが。

その宿はバイキングであったのが、せめてもの救いであった。例のツアーの面々は六時四十分頃から食事処に列を作った。

列を作った人々は大声で騒いだ。あくまでも韓国人の普通レベルの大声だけど。ホテルの人間はオープンを早めることは一切ないと言った。しかし、騒ぎに押されて五分前にドアを開けた。

すると面々はダーッと中に入り、テーブルの場所取りをする。と思う間もなく、すさまじい勢いで料理をかき集めていった。

そして、ものすごい表情でバクバク食べるのであった。そりゃあそうだよね。

韓国人のエネルギーはすごい。私にはできないよ。日本人がツアーで同じことをしたら、周囲のお客さんからのブーイングでは済まないだろう。

さて、我々のツアーは予定通りに八時に出発した。二十分ほどバスに揺られて中尊寺の本堂《ほんどう》のほど近くで降りた。

そこから五分ほど歩けば本堂である。ところがツアーの参加者の本隊から女性が一人、スルスル抜け出てしまった。

そうして立ち並ぶ木立の中に入って隠れてしまったではないか。どこに行ったのだと、私は疑問に思った。

先へと急ぐツアーの本隊はバスガイドに任せることにした。そうして私は木立のそばで、しばし待つことにした。

やがて五分ほどして、足取りも軽く、さっぱりした顔の女性が現れた。トイレを済ましてきたのだという。

女性が、激していわく、「添乗員さんが急がせるから、こんなことになるんだよ」とのこと。

エーッである。それは曲解というものだ。別に私が個人的に出発を急がせたわけでは、もちろんのことない。

ツアーの二日目の出発は八時と、ちゃんとパンフレットに書いてある。出発時間は私が個人的に決めたことではないのだ。

でも人間というのは誰かのせいにしたがるんだよね。そこで添乗員たる私が爆発の標的になったというわけか。言いがかりだよ、これは。

たしかに出発の段取りがちょっと忙しいなとは思った。でも一時間はあったのだ。韓国人のツアーみたいに三十分でと、むちゃな注文はしていないぞ。

女性は七十歳ほどか、野外でトイレをしたことを、それほど恥ずかしそうにしていない。それがよかったといえばよかったのだが。

その後に女性は何ごともなかったかのごとく、シレッとして中尊寺を参拝。その後のツアーも問題なく過ごした。女性というのはタフなのだ。

「添乗員さんが急がせるから、こんなことになるんだよ」と怒りを含んだ声を発したものの、その後は何ごともなかった。

ツアーはごく普通に終了。心配したアンケートにも変なことを書かれなかった。やれやれである。

配り物がないのだ

ツアーというのは施設側からの参加者への配り物が、けっこうあるのだ。たとえば和菓子店に寄れば、まんじゅうを一つずつ。そして土産物店では飴《あめ》が二つ入った袋。

そういった配り物が添乗員に渡される。それを参加者一人ひとりに配っていくのである。配り方にとくにルールはない。そんなことは誰も教えてくれない。添乗員が自分で決めるのだ。

ある添乗員は観光バスの前に立ち、帰ってきた参加者に配っていく。人数分を用意しておけば、全員が帰ってきたという人数確認にもなるからだ。

別の添乗員はバスが動き出してから一人ひとりに配っていく。そのパターンが最も多いのではないか。

私が添乗員になりたての頃は座席表を見ながら座席の上に一つずつ置いていった。こうすれば添乗員も楽だし、時間の節約にもなる。

しばらくは問題もなく、その方法をとっていた。けれども、あるツアーで問題が起きてしまう。それからはバスの前で配ることにした。

その問題の起きたツアーというのは千葉出発で北関東のとある神社をめぐるツアーであった。神社の本殿まで参加者を案内し、その後は自由参拝とした。

その後、私はツアーの参拝料を支払うところに寄って人数分のお金を払った。そして参加者のために参拝の記念にということで鈴をもらった。

係の中年女性に、「ちゃんと人数分を数えてよ」と言われる。言われるまでもなく、私は人数分を数えてバスに戻った。

そしてバスの座席に鈴を置いていった。そうして参加者が参拝を終えた時分に、私も神社に参拝に向かった。

バスに戻ると、かなりの参加者が席についていた。私がマイクを使って、「参拝記念の鈴が座席の上に置いてありますから」と伝えた。

すると、そんなものはないという声が数人から上がった。やはり同じ声が別からもした。

私はエーッとなった。結局、すべての参加者が戻って確認してもらうと、八個も足りないのであった。

私は神社の先ほどの場所に赴き、八個足りなくなったことを告げた。係の中年女性は冷静な声で、「さっき人数分を数えてと言ったでしょう」と述べた。

たしかに、その通りなのだが、現実の問題として八個足りないのだ。しょうがないので八個分の金額を支払ってバスに戻った。一個百円も取られちゃったよ。

おそらく誰かが鈴を盗んだに違いない。その誰かは目星がついている。

やけにいつも早くバスに戻ってくる夫婦がいたのだ。だが、その夫婦が怪しいからといって持ち物検査をするというわけにはいかない。

お守りの鈴を盗むとは一体どういう神経をしているのだ。盗んだ鈴を持っていたって、いいことなんか起きるはずがないではないか。

ここは私が泣きを見ることで結着をつけるしかない。トホホの結果であるが、仕方がない。まだ添乗員としての経験が浅かった私には、いい勉強となった。

その後も例の夫婦はいつも先頭でバスに戻ってきた。そして夫婦は鈴がなくなって以降、私が目を光らせているせいか、変な行動を取らないのであった。

そのツアーを教訓として、私は座席に配り物を置くことはやめましたとも。そういう経験を重ねて一人前の添乗員になっていくのだね。

それ以降のバスツアーでも、やはり異常に早くバスに戻る人がいた。そういう人は、だいたい目つきが怪しいのだ。

とはいえ、私がいるせいか、何ごとも起こらなかった。鈴の代金として八百円払った教訓は生きていますとも。

怒鳴りまくる奥さん

旅館、ホテルの送迎ツアーというのがある。私は参加者をどこかの駅まで新幹線で送る。その駅までそれぞれの宿の送迎バスが迎えにくる。そして、そこから宿に向かうというわけだ。

つまり添乗員の仕事は参加者を送迎バスに引き渡すまでなのだ。添乗員はその後、何をしても自由。その自由なところが気に入って、私はこの仕事が大好きだった。

けれども、この送迎ツアーで、かつてこのようなことがあった。

一つの送迎ツアーの間に別の二泊三日のツアーがはさまっていた。

私はその頃、忙しくて忙しくて睡眠不足であった。そんななか、四日目に送迎ツアーの迎えにいく。その時に旅行会社の担当者から「参加者が一人亡くなりましたから」と連絡を受けた。

私は眠気もどこかに吹き飛んでしまった。だって行きの新幹線でピンピンしていた人が、私が別のツアーに行っている間にポックリ逝ってしまったのだ。

それを旅行会社の担当者が淡々とした口調で言うのだ。いくら仕事の一環として電話でだけ接したとしても、あの言い方はないでしょう。

その日、私は福島駅に行くツアーの添乗員として東京駅で参加者を迎えた。その参加者の中に、やたら大声で怒鳴る女性がいた。

けっこう小柄で、七十代の人であった。けれども言葉遣いの乱暴なことといったら類を見ないほどであった。

朝の挨拶の時、「お前が添乗員の梅村《うめむら》かー！」ときた。女性が言ったのだよ。人を呼び捨てにするような乱暴な顔をしていたが。

その後、新幹線に案内した。その車中でも私のことを「梅村ーぁっ」と平気で呼び捨てにするのだ。男性の参加者でも呼び捨てにされたことなどない。

そして、たいした用事でもないのに何度も「梅村ーぁっ」を連発する。そのたびに、こちらはドキッとしてしまう。隣にいる旦那さんは品のいい、おとなしそうな人なのに。

神の結びつきとは、よく言ったものだ。こういう男性と女性がカップルになっちゃうんだから。

ようやく福島駅に着いた。そうして、その暴圧的な奥さんを泊まりの宿のバスに預ける。これでひとまずは私の仕事も終わりなのだ。フー。

ひとまずは、と言ったのは四日後があるからだ。またあの罵声を聞かされるかと思うと憂鬱だ。

けれども私は暴圧的な言葉を今日と四日後の送り迎えにだけ我慢すればいいのだ。今だって、こうして気楽に自由を楽しんでいる。

ところが人のよさそうなあの旦那さんは、どうなのよ。四六時中、あのガミガミ乱暴に言い続ける奥さんに我慢しているというのか。

だがイヤでイヤでしょうがないなら、別れればいいことなのだ。あの年齢までいっしょにいるというのは、それほどイヤじゃないんだね。人によって好悪というのは違うものなんだ。

あれから十年はたっているが、あの暴圧的な呼び捨て声は今でも耳に残っている。一生、消えないかもね。

奥さんを叩いたら

私は一九五三（昭和二十八）年の生まれだ。その世代にとって旦那さんが奥さんを叩《たた》くというのは、とくに不思議なことでもない。

もちろん、ほめられたことではない。だが巷《ちまた》ではごく普通の家庭でもよくあることであった。それが過ぎれば奥さんは家を出ていくであろうが。

しかし、警察沙汰にはめったにならなかったのでは。本当に昔はそういう点では男性天国であった。泣きを見るのはただただ女性であった。

現在ではドメスティック・バイオレンスという言葉に代表されるように問題になってしまう。民間シェルターも開設されていて、昔とはだいぶ意識が違っている。

だいいち、こんなに女性が活躍できる時代なのだ。イヤならすぐに別れてしまえばいい。もう男性天国など過去の話なのだ。

そんな過去の話ともいうべき問題に、私はツアー中に一度だけ遭遇したことがあった。

それは一泊二日の東京発のバスで静岡県の東伊豆町《ひがしいずちょう》にある熱川《あたがわ》温泉に泊まりにいくツアーであった。その夫婦はバスの座席のまん中あたりに腰かけていた。いずれも七十代で小柄であった。

やがてバスが東名《とうめい》高速道路を走り始めた頃から、その夫婦のほうからビシビシという音が響いてくる。見ると旦那さんが奥さんを叩いているではないか。

周囲はひっそり静まり返っている。誰も何も言わない。その奇妙な静けさが何かを物語っている。

旦那さんが叩くと奥さんはうつむいて耐えている。何もやり返さない。ひたすら忍んでいるだけだ。おそらく家でもそのようにして暴力をやり過ごしているのだろう。

私は夫婦のところに行き、「どうしたんですか」とたずねた。「これは夫婦の問題だ。黙っといてくれ」と旦那さん。

「夫婦の問題といったって、周りにこれだけの人がいるんですから」

「そんなの関係ないだろ」

そんなやりとりが、しばらく続いた。私もどうしたものだろうと、ちょっと考えた。そして旅行会社に電話することにした。

担当者が電話を取る。私がそれまでの状況を説明すると、「ウーン……」と考え込んでしまった。そして「また、あとでかけ直しますので」と、いったん電話を切った。

再び電話がかかってくるまでピシリピシリという音が続く。そしてシーンとした周りの物言わぬ声が二重に私を襲ってきた。

やがて担当者から電話がきた。「上司に相談したんですが、周りのお客さまにご迷惑がかかるから、もう一度、添乗員さんから注意してもらって、それでも改まらないようならバスを降りてもらってください。ツアー代金は全額、返金しますと相手に伝えてください。よろしくお願いします」とのこと。

それで私は例の夫婦のところに行き、今の内容を伝えた。旦那さんのほうは激怒し、だったらバスを降りるということになった。

次のパーキングエリアで、ほかの参加者はトイレ休憩として、この夫婦はバスから降りてもらった。パーキングエリアから、どうやって夫婦は帰ったのであろうか。

旦那さんは下のトランクから自分の荷物を出すと無言で去っていった。奥さんはそのあとをトボトボ歩む。何だかその姿が夫婦の実像を表しているようだった。

それで、この件はツアー内では一件落着だ。けれども私の心は晴れない。あの奥さんにはバスを降りても苦難は続くであろう。

あの暴力亭主にしたって一日中、そんなことをしているわけではなかろう。普通の時にはどうしているのだろう。

夫婦がバスを降りたあと、バス内はいつものようにザワザワし始めた。まるで何ごともなかったかのように。

ツアーの翌日にクレームが

千葉県の津田沼《つだぬま》をバスで出発して山梨県の身延《みのぶ》町にある身延山久遠寺《みのぶさんくおんじ》を参拝するツアー。日蓮宗《にちれんしゅう》の総本山として人気のある寺で、ツアーの人気も上々であった。

バスの出発地に行くと、すでにほかのツアーもひしめいていた。それで出発地はゴチャゴチャのありさま。そんな中で私がバスの前で受付をしていた。

参加者は四十五名で、もう四十四名が集まっていた。あとは一人参加の女性のみ。だが、その人がなかなか来ない。こういうあと一人来ないというのが添乗員としてはイライラしてしまうのだ。

しかも今日のツアーは時間との戦いなのだ。ツアーの混雑が激しく、寺の駐車場に一分一秒でも早く着きたいのだ。やがて出発時間になる。それで私はその女性に電話した。しかし、出ないのだ。

出発地点にはツアーの見送り役のセンダーがいた。私はセンダーに、「あと一人だけ来ない。それで相手に電話したけれども、出ないんです」と告げた。もう出発の時間を十分も過ぎている。

ワイワイした混雑の中でセンダーは行っていいと告げた。それで私は許可をもらったと思い、バスを出すことにした。

ところが我々のツアーが出発して五分くらいたって、私のケータイが鳴る。出てみると先ほどまで待ちに待った人からの電話であった。

「今、バスを乗るところに来たら、バスはもう出てて、いないじゃないの。せっかくここまで来たんだから、戻ってきてよ」とのこと。

旅行会社はたいてい出発時間から十五分ほどは待つ。だが、それ以上はほかの参加者の迷惑となるので待たない。そのギリギリの時間に来たのだ。

私は「今からそちらに引き返せば二十分の遅れになってしまう。だから戻ることはできません」と告げた。

その参加者はなおもゴチャゴチャ言っていたが、私は無視した。そうして、その日、バスは身延山へと向かったのであった。

次の日、旅行会社にそのバスに乗れなかった人から電話が入った。私もクレームめいたことがあるのは覚悟をしていた。

「やっぱりな、ついに来たか」である。電話を取った人によれば、相手方はカンカンに怒っているとのこと。

しかし、ツアーを預かる添乗員からすれば、合計二十分の遅れは痛すぎるのだ。寺の駐車場はツアーのバスでいっぱいになってしまう。下手《へた》をすれば駐車場に入れないかもしれないのだ。そうなれば別の駐車場にバスを入れたり大変なことになってしまう。

しかも当日のバスに乗った参加者からすれば、たとえ少しの時間とはいうものの、もとに引き返すのは気分的によろしくない。私は担当者にそんなことを訴えた。

せめて私が電話をした時にその人が出てくれていれば、あと五分くらいは待ったであろう。しかし、バスはもう出てしまったのだ。センダーの了承も取っていることも告げた。

私に反省すべき点があるとすれば、相手方からの電話の際に、もう少し丁寧に説明すべきだったということだ。

担当者は私が必死で言うことに、どうやら納得したようだ。けれども相手方も怒りが収まらず、引き下がらないのだという。

結局、そのもめごとは旅行会社のほうで、参加者が時間通りに来なかったのが悪いということで収めた。バスに乗り損なった人には当日キャンセルということで、ツアー代金の半額が返金された。

さて、読者の方々、あなたはどう思いますか。悪いのはバスを出してしまった添乗員か、それとも遅れてやってきた参加者なのか。

参加者が万引きだ！

その女性は六十代で、一人参加であった。おとなしそうな雰囲気の人で、バス内ではたいていポカンと外を見ていたのだった。

その日は東京出発の茨城に行く日帰りツアーであった。鉾田《ほこた》でメロン食べ放題、ひたちなか市の那珂湊《なかみなと》で海産物の買い物と海鮮丼のランチ、そして国営ひたち海浜公園でバラ見学というスケジュールが組まれていた。

まずは鉾田でメロンを召し上がっていただいた。農園には参加者たちのために四分の一に切ったメロンがわんさか置いてある。参加者はむしゃぶりついていた。

いつも思うのであるが、食べ放題となると人が変わったようになるのだ、通常ならメロン四分の一で十分なはずなのにね。私はひと切れだけいただいた。けっこう甘くて美味しいよ。

そうして参加者たちは続々と満足そうな笑みを浮かべてバスに戻ってくる。全員がそろったところでバスは出発である。

次は那珂湊の市場で海産物の買い物である。時間は四十分のフリータイム。店の前から自由行動だ。

事件はここで起きた。私が店の休憩室でコーヒーを飲んでいると、スタッフが険しい顔で、「ちょっと来てくれ」とのこと。何だと思って、あとについていってみる。すると鬼のような顔をした店主が待っているではないの。

その前にはうちのツアーの例の一人参加の女性が萎縮した態《てい》でかしこまっている。五十代と思われる体格のいい店主は私を見ると、「この人が万引きしようとしたんだ」と、がなり立てるのであった。

例の女性はますます身体を小さくしている。店主は「警察に通報するぞ」と脅すのであった。私は「ちょっと待ってください」と言った。そして、すぐさま旅行会社に連絡を取った。私の電話に担当者もびっくりしたようである。

やがて電話を代わった店主と担当者が長々と話し込む。そして店主がどうやら納得したようで、私と代わった。

担当者が言うには、店主と話をつけたので謝ってくれとのこと。そして以降は例の客はバスでは私の隣に座らせること、行動を必ず見守ることを告げられた。

店主に謝ってから店を出てバスに戻る。もう十五分ほど出発時間を過ぎていた。ドライバー、参加者たちは皆、不審の目で私たち二人を見守っていた。

私は、「ちょっとしたトラブルがあり、出発が遅れてしまいました。まことに申し訳ありませんでした」とマイクを使って参加者に説明した。

担当者の指示通り、女性は私の隣に腰かけてもらうことにした。女性は萎えてしまい、見る影もなかった。ほかの参加者たちもシーンとしている。女性のしょげた姿を見れば、だいたいのことはわかったのではあるまいか。

けれども次の海鮮丼のランチで、ステージはくっきり変わる。ほかの参加者はムシャムシャ食べ始めた。当たり前だよ。彼ら、彼女らには何ごともなかったのだから。ただし例の女性は下を向いたきり丼を食べようともしなかった。当たり前だよね。当然、食欲もないだろう。

私も業務用の食事ルームで昼食を摂った。この時にドライバーに聞かれましたよ。「彼女に何があったのか」と。私は今までのことを伝えた。

「やっぱりね」とドライバー。「そんなことだろうと思っていた」とのこと。おそらく参加者たちも、ある程度の異変が彼女にあったことはわかっていたであろう。

昼食後は国営ひたち海浜公園へとひた走る。そうして参加者たちはバラの見学へと広い園内に散っていった。例の彼女はバス内でうなだれていた。

そうして一時間もジーッとしているのだ。私はバラの見学に行ってらっしゃいと声をかけたが、ジーッとしたままだ。

公園のあとは土産物店に一軒寄った。ここでも件《くだん》の女性はトイレに行ったほかはジーッとしたまま、事件の発覚後はそんな状態が続いている。

そうしてバスは出発地の新宿《しんじゅく》、池袋《いけぶくろ》に向かう。店主に怒鳴られて以降、女性はおとなしくしていて、とくに問題もなかった。

ほかの参加者たちもいつものツアー通りである。日帰りツアーだと、だいたい帰りのバスは疲れが出て静かなものである。

バスは新宿、池袋に停まり、次々に参加者が降りていく。例の女性は池袋で「申し訳ありませんでした」と深々と頭を下げてから去っていった。

あんな問題でケチがつかなければ穏和でいい人であったのに、わからないものよ、人の世なんて。

翌日、旅行会社に精算に行く。担当者が出てきて挨拶をかわす。私は「問題の事件はあったものの、その後はどうのこうのということはなかった」と伝えた。担当者も了承した。昨日の女性を見ていると、事件の発覚後、うなだれたままであった。これがきっかけになって生まれ変わってほしいものだ。

バスに酔った人をなぐさめる

今までに、たくさんツアーの参加者の醜いところを書いてきた。次は逆のことを記しておく。

トルコツアーでのことであった。トルコへは空路でイスタンブールに着く。そしてトルコ国内をバスで回る。

回り方はいろいろある。だが帰りにまたイスタンブールを見学し、その後は空路で帰るというのがパターンである。

そのトルコ国内であるが、イスタンブールとそのほかの地域はまるで道路状況が異なる。イスタンブールは一千万を超える人口で交通渋滞が激しい。ところが、そのほかの地域はスカスカで、自由にバスで行き来できる。

それは近年、観光で人気を呼んでいる日本でも同じだろう。東京や大阪は渋滞が激しいが、そのほかの地域となると、ほとんど自由なままなのだ。きっと外国から来た人はこれが同じ国なのと思うかも。

さて、イスタンブールの渋滞もツアーによってまちまちだ。渋滞で車がまったく動かずという時もある。その一方で、さして車は混んでいなく、スイスイ行くことができるという時もあるのだ。

今回のトルコツアーは前者であった。ひどい渋滞にぶつかってしまい、バスはチョロチョロと、ゆっくりなペースを守って進んでいった。

そんな状況の中で、前のほうの席に座っていた一人参加の女性が気分が悪くなったらしい。エチケット袋に戻していた。

それを見た近くの席の女性が一人、参加者の席の空いているほうに移り、女性の世話をしてあげた。

移ったほうの女性は、同性どうしの二人参加であった。年は三人とも六十代の後半であった。

席を移った女性は具合の悪い女性の背中をなでてやっていた。それもずっとである。そして、さすりながら、あれこれ話しかけていた。

具合の悪いほうの女性も話しかけてくる女性にうなずいたりしていた。そのうちに女性の具合がよくなったと見え、エチケット袋を外した。

「ありがとうございました」「いえ、もう大丈夫ですか」「おかげさまで、助かりました」「いいえ、お役に立ててよかったです」

二人の会話はまだまだ続いた。そしてこの女性たちは仲よしグループとなる。三人でイスタンブールを見学したり、お茶を飲んだりした。

私はバスツアーにけっこうな回数乗っている。この助けた女性のしたことは、できるようでいて、なかなかできないことである。それをすんなり行った女性はえらいとしかいいようがない。

だいたいツアーの参加者を見ていると、こういう場合には女性のほうが機転がきく。残念ながら男性は行動に移せない方がほとんどだろう。

体調を崩した女性は、その後は渋滞のバスの中でもピンピンしていた。仲間ができて楽しくおしゃべりができたせいかな。

ツアーがこうして人のつながりの仲立ちとなってくれれば、こんなにうれしいことはないのだ。

第3章

旅行業界の懲りない面々

セカンド（次長）はつらいよ

ある大手新聞社系列の旅行会社。私が添乗員として最初にお世話になったのは、この会社の柏営業所なのだ（今は閉鎖）。

その営業所には管理職、所長、そして次長がいる。所長はだいたいが営業所にはいなくて、実際の指揮を執っているのは次長なのだ。

その次長というのは五十がらみ。ひじょうに人間くさい人であった。そして、この人は自身が添乗に出るのが大好きなのだ。

ある日、次長が添乗員としてツアーに出た時のこと。柏営業所に血相を変えた初老の男性が飛び込んできた。

その男性はツアーのバスに乗るために乗り場に行ったら、もうバスは出て、そこにいない。「今日は会社を休んで参加したんだぞ。一体どうしてくれるんだ」などと一時間近くも大声で叫んでいたという。

その人は十人参加のグループの一人とのこと。グループのリーダーが「全員そろったよ」と言うので、次長添乗員は疑いもせずバスを出した。この次長にはそういう人のいいところがあるのだ。

その乗りはぐれた人はグループの嫌われ者だとか。リーダーは「あいつのことなんか、いいからいいから」で済ましたという。旅行会社はそう簡単にはいかないのであるが。

この事件は営業所の添乗員がしてはいけないタブーになっている。つまり客の話を真に受けてバスを出発させるということだ。もちろんタブーといっても、こっそり話のことではあるが。

さて、その次長に泣きつかれたことがある。早朝に電話があって、「急なことだが、今日、添乗に入ってくれ」というのだ。

話はこうなのだ。ある若手の女性添乗員がとあるツアーで大失敗をしてしまう。そして年輩の参加者から怒鳴られてしまったそうだ。

さらに、その次のツアーでもまたまた大失敗をしでかしてしまう。そして今回は複数の参加者から怒られる。そのうえにこのミスでは、営業所にまでクレームの電話が入ったという。

そのようなことが重なり、その添乗員は辞めたいと言ってきた。けれども、その添乗員は今日も仕事が入っていて、もう準備も済ませている。次長は何とかその仕事だけでもやってくれと説得を繰り返した。

相手は泣き崩れて、「添乗員としての自信をなくしてしまった。今すぐに辞めさせてほしい」を連発するばかり。次長としても長時間にわたる説得であったが、ついにはあきらめるしかなかった。

そうして、その仕事が今日は仕事の入っていなかった私に回ってきたということである。次長はほとほと疲れ果てたというような声であった。

私にも今日は別の用事が入っていたのである。それをキャンセルしましたとも、次長のために。

柏の営業所から派遣会社に移り、六十三歳の時に群馬県の前橋に引っ越す。そして奇遇にも、はじめに世話になった旅行会社でまた仕事をすることになった。

所属したのは前橋営業所（これも今は閉鎖）。今度の次長は四十歳前後で、以前とはまったく何から何までタイプが違うのであった。

新しい次長はいわゆる切れるタイプなのだ。やはり所長は営業所にほとんどいない。それで、この営業所でも実質的に指揮を執っているのは切れ切れ次長なのだ。前の次長は添乗員のミスでもわかる通り、どこか抜けていた。けれども今回の次長はしっかりしている。いずれは、どこかの営業所で所長になるのではと、ひそかに私は思っていた。

とにかく次長は仕事にとことん突き進むタイプ。深夜の残業なんかもイヤがらずにやった。昨日は東横《とうよこ》インに泊まったなどと仕事の延長のホテル泊まりなど当たり前であった。何でもビジネスホテルの東横インは夜中の十二時を過ぎてチェックインすると宿泊料金が激安になるそうなのだ。

ホテルにすれば、まったく空のままの部屋より、少しでもお金になったほうがいいに決まっている。それで深夜の仕事人の次長がそこを狙うというわけだ。

ある日、羽田空港への送りのバスで担当ドライバーの具合が悪くなってしまう。それでバス会社の社長が代わりに運転することになった。バスは一時間遅れで羽田に向かうことになった。

それで次長が名簿に載っている申込者たちに、「一時間遅れてバス乗り場に来てください」と電話をしたそうだ。

早朝というか夜中というかの時間帯の仕事である。本当に次長は典型的なビジネスマンである。

そんな次期所長候補の末頼もしい人が会社を辞めてしまった。あの新型コロナウイルスが蔓延したので旅行をビジネスとしている会社に不安を覚えたのであろうか。

次長には、小学生の子どもが二人いるそうな。まだまだバリバリ働かなくてはいけないのだ。

とにもかくにも、あの仕事人間が会社を辞めてしまうとは。こっちまで暗い気分に、しばらくなったものだ。

ドライバー列伝①
問題ありありのドライバー

今までに仕事で様々なドライバーと組んだ。当然、ハンドルさばきの上手《うま》い人もいれば、そうでない人もいた。さて、ここからは三連発で、いろいろな意味で困らされたドライバーを取り上げる。

その第一弾のドライバーは中年で、やや小柄であった。ドライバーにしては珍しくタバコは吸わず、口数も少なかった。私ははっきりいって少しばかり好感を持った。穏やかそうで、ソフトで、なかなかにいいぞ、今日は上手くいきそうな一日になるぞ、と思ったりしたのだ。

本日は東京から神奈川県の箱根《はこね》に行くツアーである。上野《うえの》、新宿と回って集客した。参加者は四十四名。バスは四十九人乗りで、多少ながらゆとりがあった。

やがてバスは直線道路でスピードを上げる。そうしてカーブを曲がる。ところが大変なことが起きてしまった。

カーブを曲がる時に左のサイドミラーを破損してしまったのだ。普通の車ならサイドミラーぐらいなくたって何とか運転はできてしまう。

ところが、そのドライバーによると、大型のバスの運転にはどうしても必要なミラーだという。そのミラーがないと大きな事故を起こしてしまうかもしれないというのだ。

ドライバーはマイクを使って、そんなことを参加者に伝えた。そして電話でバス会社に事故の顚末《てんまつ》を報告した。

結局、バス会社から代わりのバスが来ることになった。その新しいバスが来るまでツアー一行はおよそ一時間、高速道路のパーキングエリアで待つことになった。

その間にドライバーは参加者全員に缶コーヒーを買ってきて配った。私にもくれようとしたので固辞した。しかし、相手が強くすすめるので、結局はいただくことにした。

こういうコーヒーを配るところなど人柄が表れている。好印象を持ったのは正しかったのだと思った。

一時間がムダに過ぎてしまった。けれどもコーヒーを配られては参加者もしょうがないなと思ったのでは。

やがてバスが到着した。しかし、そのバスは四十五人乗りなのである。ガーンである。

すぐに新しい座席順を組み直さなくてはならなかった。バス会社としても四十九人乗りのバスは台数に限りがあり、仕方がなかったのであろう。

今日のツアーは一人参加が二組、四人グループが一組、残りはすべて二人参加である。要するに、はじめのバスでは一人参加の人は一人で二席を確保できたのだ。

それが新しいバスでは一人参加の人には相席してもらうしかない。そんな事態になり、一人参加の人がむくれてしまった。とくに二人のうちの片方の年輩者が、「冗談じゃないわよ」とブツブツ文句を言い出した。

まあ、無理のない話ではある。それまで一人で二席を確保してゆったりしていたのだ。それがいきなり見知らぬ人と相席に、と言われたのだから。

私がこのツアーに一人参加して同じ目にあったら、やはりムッとする。怒った人の気持ちは十分すぎるくらいに理解できるのだ。

それも皆、あのドライバーのミスのせいなのだ。ドライバーは平謝りに謝った。しかし、年輩者はなかなか許さないのだ。

そうして、どんどん時間が過ぎていく。添乗員である私も、ほかの参加者たちも、いらだちがつのるばかりだ。そこで私が間に入って何とかツアーは再開することになった。

しかし、雰囲気がよろしくないのだ。それはそうであろう。とくに突然に相席にさせられた二人は楽しくない旅となったであろう。

その怒り狂った人はアンケートにドライバーのことをメチャクチャに書いた。その人にとってみれば当然のことであろうが。

結局、その日のツアーは一時間半の遅れで終了となった。バスの交換と一人参加の人が怒ったこと以外は、とくに問題も起きなかったのである。

そのツアーのあとに例のドライバーの所属するバス会社に再び乗った。もちろんドライバーは別の人だ。

今日のドライバーに先日のトラブルの話をする。すると、たいしてびっくりもせずに、「あの人にはその手の話は、てんこ盛りですから」とのこと。

どうやらサイドミラーを壊したドライバーは腕としては札《ふだ》つきものということか。誠実そうな感じがしたが、これまでにも問題ありありだったのだ。

あの缶コーヒーを即座に買ってきて配るなど手際がよかったのは、逆にいえば、その手のトラブルの常習者ということなのか。私も目がきかないなぁ。今日は上手くいきそうだなんて思っちゃって。

それにしても、そのドライバーが運転するバスには二度と乗ることはなかった。私も添乗員としてちょっぴり運を持っていたのか。それとも、あのドライバーはクビになったのかしらん。

ドライバー列伝②
アンケートで嫌われたドライバー

続いては東京の立川《たちかわ》を出発して静岡へと向かう日帰りのツアーのドライバー。ドライバーは六十歳前後と、その当時の私よりちょっぴり年上であった。

朝のドライバーとの打ち合わせはコースのことをいろいろと話し合ったりして、とくに問題もなかった。ドライバーは口数が少なく、ちょっと険のある目つきをしていた。

最初の目的地の熱海《あたみ》に近づいた。私がドライバーに近寄って声をかけた。するとドライバーは「朝の打ち合わせの通りで、ほかに何もないよ」とのこと。取りつく島もなかった。そうして彼はただ黙々とハンドルに向かっている。ちょっと私を拒絶しているのかと思った。

これには少々まいりましたよ。たいしたことを聞こうとしたわけではない。でも、あの態度は何なんだ。こっちもちょっとムッとしてしまった。

続いて伊東《いとう》の土産物店、そして昼食とコースが続く。またドライバーに声をかけようとした。けれども向こうはまたまた拒否のオーラ全開なのだ。

何なんだよ。どうやら完全に私を拒んでいるようだ。そんなことが重なり、こっちも、もういいやとなってしまった。

初心者マークの添乗員ならドライバーの知識や経験を頼りにする。私も二、三年目くらいまではドライバーを頼りにして添乗業務をしていたものだ。

でも、それ以降はドライバー次第だ。ドライバーがいい人ならこっちも心を開く。逆に、意地悪をされれば心を閉じる。

今は私だって五年の経験がある。いいよ、そっちがそうくるなら、こっちだってやりたいようにやるまでだ。

このドライバーはいつのツアーでも、こんなふて腐れた態度を取っているのかな。それとも添乗員の私が気に入らず、今回は特別なのかしらん。そんなふうにいろいろと考えてしまった。

以降はドライバーと口もきかなかった。今日のコースはほとんど行ったところばかりなので何とかなる。ドライバーにも頼ることなく無事に務めましたとも。

ツアーも終わりに近づき、アンケートの時間となった。今日のコースは問題もなかった。

ちょっとばっかりドライバーと変なことにはなったが。でも悪いのは向こうだよ。

ツアーが終わり、さすがに最後にドライバーに「お疲れさまでしたー」と声をかけた。相手も首を軽く振って挨拶した。まあ今日の最後としては上出来の別れでしょう。

帰宅の途中の電車内でアンケートを読む。バスの前のほうの席で添乗員とドライバーのやりとりを間近に見ていた人々がドライバーのことをあれやこれやと書き立てていた。「ドライバーは添乗員のことを無視してひどい」「添乗員さんがかわいそう」などなど私の言いたいことを何人かが書いていた。よくぞ書いてくれた。読んでいてスッキリした。

アンケートというのは怖い。国内ツアーだと今日のように添乗員が読むこともできる。添乗員に文句を言いたい時には代わりに旅行会社に直接メールを送るということも時にはある。

海外ツアーだと糊《のり》づけの封筒で提出という旅行会社がある。それどころか帰りの飛行場から宅配便で旅行会社に送らせるところもあるほどだ。

旅行会社としては、それほど厳重な対策を練っていても、いろいろあるのがアンケートなのだ。

ある海外ツアーで参加者から旅行会社に、「アンケートを読んでいただいたか」との電話があった。会社にはその方のアンケートは届いていない。添乗員が提出しなかったのだ。参加者は、「そんなことだろうと思った」と言った。そして添乗員のことをケチョンケチョンに言ったという。

旅行会社では添乗員を呼んで事情を聞いた。結果として添乗員はその会社から出入り禁止となってしまったという。

さて、本日のツアーのアンケートは今後、どう扱われるのやら。ちょこっと意地悪ではあるが、少し楽しみだなぁ。

ドライバー列伝③ 車線を変えないドライバー

最後のドライバーはちょっと変人風の人だった。そのドライバーと組んだのは私がよく訪れた山梨のツアーの一つである。その日は埼玉発で甲府近辺をブラブラする、よくある日帰りのコースであった。

行きは快調であった。ただ、ちょっぴりながら不安もあった。この日のツアーには五台のバスが出ていた。ところが、いっしょに回っていたほかの四台が、いつの間にかいなくなってしまったのである。

その原因はドライバーの偏屈さにあった。偏屈というより融通がきかないというのか。とにかく走っている車線が混んでいて隣の車線がスイスイと流れている。それでも頑として車線を変えようともしない。要するに変なドライバーなのだ。

たまにこういう偏ったドライバーと組むことがある。それでも、そのほとんどのツアーがとくに問題なく終了するのである。

たとえ変な添乗員と変なドライバーどうしが組んでも、ツアーに難しい問題さえなければば、どうということはない。

仮に今日のツアーが順調にコースをたどっていれば、変なドライバーと組まされたくらいに私は思っていたであろう。

ところが今日は相当に厄介なことにぶち当たってしまった。帰りにとてつもない渋滞に出会ってしまったのである。

帰りの中央自動車道が山梨県の大月《おおつき》あたりから渋滞になってしまった。渋滞といってもいろいろある。ゆるゆる進む可愛《かわい》らしいものもある。

そういう場合は素直にバスもゆるゆるの流れに乗っていけばいいのだ。高速道路だと信号もないので、それなりに速く進むことができる。

だが今日のそれはほとんど前に進まない絶望的なものなのだ。それが東京の八王子《はちおうじ》あたりまで続いているらしいのだから問題である。

それでもドライバーは黙々といつもと変わらぬ様子でハンドルを握っている。六十代の半ばくらいか。その年齢ならいくつもの修羅場をくぐってきたはずだ。

そのうちに女性から、「トイレはまだ先ですか」という声が上がった。ドライバーによれば山梨県の上野原《うえのはら》市にある談合坂《だんごうざか》サービスエリアまでないとのこと。そこに着く時間は、こんな状況なのでわからないそうである。

質問をした女性にそのことを伝えた。女性は我慢の限界なのか、苦しそうに顔をゆがめていた。

それでもチョロチョロとバスは進んでいく。隣の車線のほうが、わずかだが車の進み方が速い。けれどもドライバーは一向に車線を変えようともしない。

こういう運転のドライバーと同乗していると心理的にイライラ感がつのるのだ。参加者の中にも同じ思いをしている人がいるのでは。

そのうちに男性の参加者が、「もうトイレが我慢できない。ここで降ろしてくれ。外でやってくるから」と前にやってきてドライバーに訴えた。

ドライバーは断った。けれども参加者が強圧的な声を上げるので仕方なくドアを開ける。と思う間もなくダダダッと五人ほどの男性たちが駆け降りていった。

先ほどの女性はエチケット袋に用を足したようである。ほかにも同じ方法をとった人がいるかもしれない。もう非常事態もいいところである。

そうしてゴタゴタしているうちに、ようやく前方の車が動き始めた。どうやら事故の処理が終わったようである。助かったー。

一緒に出発したほかのバスの添乗員に電話してみた。すると、「うちのドライバーは高速道路から降りて途中を一般道路で走った」とのこと。それらのバスとは二時間も帰着の時間が違ってしまった。

このドライバーは自分の走っている車線がどんなに混んでいて隣の車線がスイスイと進んでいても車線を変えようともしない。隣の車線なのに、だ。それだから高速道路から一般道路に変更するなんて器用なまねができるわけがないだろう。

そんなことは、この頑《かたく》ななドライバーには一切伝えない。車線を変えない頑固な姿勢がちょっとばかり怖かったのだ。

男性のバスガイド

女性がするものという職業がある。ネーミングからして私の子どもの頃には看護婦といった。それがいつの頃からか看護師というようになった。

逆に野球やサッカーなどのスポーツはちょっと前までは男性のものという感があった。それが今はご存じの通り、女性が進出している。

とくに二〇一一年の、なでしこジャパンのワールドカップ優勝は見事であった。男性のサッカーでは夢にも見ることができない世界だ。それほど遠くはなくラグビーなども女性版が登場するのではと思ったりして。

パリのパラリンピックで知ったのだが、障害者ラグビーはすでに男女混合のチームなのだ。まったく女性はたくましくなったものだ。

さて、バスガイドというと皆さんは女性を思い浮かべるであろう。私もそうであった。けれども私はたったの一度だけ男性のバスガイドと仕事をしたことがあるのだ。

それは茨城から東京へと向かう二泊三日の旅であった。土浦《つちうら》のバス会社に赴き、会社の事務の人と挨拶をかわす。そうしてバスへと向かった。

やがて、「おはようございます」という挨拶とともに男性が現れた。私も返事をした。ずいぶん珍しく愛想《あいそ》のいいドライバーだなと思った。

だが、やがて本物のドライバーが無愛想に乗り込んできた。先に登場したのはバスガイドだったのである。どうりで人懐っこい感じがしたものだ。


やがてバスが出発し、いくつかの出発地に寄る。参加者はバスガイドと顔見知りの人が少なくないのだ。彼はけっこうそれなりに地元の有名人であった。

中には初めて彼を見た参加者もいる。たいていはギョッとした態度を示す。それはそうだろう。普通は女性のガイドが迎えるものだ。

そうして三カ所の出発地を回り終わる。いよいよツアーのスタートだ。私、バスガイドの順で参加者に挨拶をしていく。

だが、いつになく車内は妙な雰囲気なのだ。それはそうだろう。添乗員もだいたいが女性である。ましてやバスガイドも男性なんて。

結局、この日のツアーのスタッフは添乗員、ドライバー、バスガイドの三人ともが男性と相なった次第である。ある意味で団体ツアーのスタッフとして、これは異常だよ。やがてバスガイドが車窓案内をし始める。すると雰囲気が多少変わってきた。ユーモアを交えた口調が参加者たちの薄い笑いを誘った。

私も男性のバスガイドというのには正直なところ、違和感があった。男性は五十代であろう。だが、このガイドの高い声の語り口に慣れてくると変な親しみが湧いてくるのであった。

何よりこのガイドは博識であった。しかも男性のせいなのか、ガイディングか何かのレクチャーを受けているような感じを与えた。

ちょっとしたカルチャースクールで軽い講義を受けているような感じ。そんな、いつもと異なるちょっとオシャレな感覚が私には快いのであった。

そのうえ、土産物店などでは普通のバスガイドとしての案内もしっかりしている。ここの名物は何々ですよと参加者に伝えるところは、さすがベテランという感じがした。

歩き方も颯爽《さっそう》としている。皇居の周辺の案内もテキパキしていた。そして例によってウィットに富んだガイディングがさわやかな笑いを誘うのだった。

宿泊施設のガイドも立派だ。宿泊は池袋のサンシャインシティプリンスホテル。このホテルは巣鴨《すがも》プリズンの跡地に建てられたのだ。

それは極東国際軍事裁判の死刑囚が収容されていた拘置所である。そんな案内をサラリとして参加者を満足させていた。

そうして三日間のツアーが終わり、茨城に戻ってきた。最後にツアーの締めとしてガイドが長唄を歌うのであった。

珍しいよ。バスガイドがそんな芸を見せるなんて。これが上手くて、渋くて、最高でしたな。忘れられないツアーとなったよ。

また、この男性のバスガイドといっしょに仕事をしてみたい。でも茨城発の仕事なんて、めったにないものなぁ。

添乗員列伝①
キャンセルの多い添乗員

私の二十年に及ぶ添乗員生活の中で、ちょこっと特色の際立った同業者を数人あげていきたい。

まずトップは私が最初にこの業界に入った旅行会社のとある男性の先輩。彼は参加者の一部からブーイングを受けていた。当時の私は五十歳ほどで、その先輩は私より一回りは年下であった。

その会社は千葉県の柏に営業所があり、柏近辺の狭いエリアの参加者が申し込んでいた。その中には会社からすれば上得意が何人かいた。その上客の中のこれまた何人かがその先輩のことを嫌っていたのだ。

そういう人がツアーに申し込む。そしてツアー開催の前々日か前日にその添乗員から参加者の自宅に最終確認の電話が入る。

すると電話を受けた方は、「エーッ、あんたが添乗員なの。じゃあそのツアーはキャンセルね」ということでツアーを辞退するのだという。

その電話の通り、参加者がツアーを申し込んだ段階では、まだ添乗員は決まっていない。決まるのはツアー実施の一週間くらい前なのだ。だから、こういうことが時々起こってしまう。

けれども、その手の人は全体から見ればごく少数。会社としては問題にはしなかった。添乗員が嫌われるのは話が単調で面白みに欠け、印象も地味だということ。それで、その人が添乗員だとツアーが暗くなるからだという。

けれども会社としては、まず添乗員全体の数が少ないのである。だから、その程度のことでクビになどできない。クビにしたら困るのは会社のほうなのである。

そして、その添乗員はクレームとなる困った問題は起こさない人であった。会社が最も恐れるのはクレーム添乗員なのだ。その人は暗いというだけで、そういうこととは無縁なのである。

ツアーの準備などで会社に行く。そうすると何回かはその先輩と顔を合わせた。たしかに地味で暗い印象の人であった。だが会社としては、その程度の些細《ささい》なことなど、無視するしかないのであった。

添乗員どうしの噂話《うわさばなし》で、たまにそのことが話題に上ったりする。しかし、噂は噂のまま、それ以上にはならなかった。

けれども観光バスのドライバーの何人かはその噂を真に受けたのであろう。先輩につらく当たった。

私は何度かドライバーがその人に嫌味を言っているところを見た。その先輩がえらいのは言い返さないのである。おとなしく、控え目な人柄なのだ。

旅行会社に数年勤めて、ほかの派遣会社に移るために、私は辞めてしまった。その先輩は、その後、新型コロナウイルスで業界がダメージを受けた時に旅行業界からスパッと足を洗ったということである。

添乗員列伝②

強気の現金バック交渉

次は私の海外ツアーの大先輩である方だ。この先輩には私が海外ツアーで右も左もわからない頃、いろいろ教わった。私がヨチヨチ歩きでモタモタしていたのを助けてもらったものである。

この先輩はもともとある大手の旅行会社の社員であった。その会社で添乗員一筋でやってきたのだ。昔は旅行会社もそういうシステムをとっていたのであろう。

さて、今のヨーロッパツアーはパリとかローマとかのポイントの都市で日本語ガイドがつくが、そのほかの地域は添乗員が一人で参加者を案内するのだ。その点では大変である。

その先輩によれば、社員の時代は違ったのだという。今のアジア各地のようにヨーロッパでも日本語ガイドがつきっきりであったそうな。そんな楽な時代にヨーロッパ各国をくまなく回ったという。

やがて先輩はその旅行会社をいろいろあって辞めてしまう。そうして現在は派遣会社所属の海外添乗員としてバリバリ仕事をこなしている。

この先輩は何といっても海外ツアーの経験が豊富だ。それである程度のリピーターというべき特定のファンがついている。この先輩は派遣会社から仕事を振られるとファンに伝えるのだという。

海外ツアーの場合、この先輩のように特定のファンを抱える添乗員は少なくない。そういうファンはツアーの魅力もそうだが、追っかける添乗員の人柄や知識に惚《ほ》れて旅行に参加するのだ。

さて、その大先輩にある時、「どこか面白いツアーはないか」と聞かれたことがある。私はその頃、トルコツアーの主《ぬし》みたいなものだった。すすめられるとしたら、トルコしかない。

そうして先輩はトルコを訪れることになった。「トルコの土産物店」の項目（一四二ページ）で記す通り、トルコは土産物店の現金バックが添乗員にある。それがこの先輩には問題となった。

先輩は相手側がよこす現金バックが少ないことにがっかりしてしまう。そこでもっとヨーロッパのレベルにパーセンテージを上げろと文句を言った。

言われたトルコ側の店のほうでも二の句が継げないようであった。だが添乗員はいろいろ経験豊富そうだ。ここで彼ともめてもいいことはないだろう。それでうるさい添乗員の言うことに従ったという。

そのことを日本で先輩から聞かされて私もたまげてしまった。海外の土産物店と現金バックのことで渡り合う展開はさすがとしかいいようがない。これまでの裏の経験による迫力がトルコの店を怖《お》じ気《け》づかせたのであろう。

海外ツアーの添乗員の中には現金バックでツアーの正規の収入より稼ぐ人がいるとは聞いていた。きっとこの先輩もガッポリお金を手にしたのであろう。

私はその後もしばらくはトルコツアーの主であった。けれども先輩のように「パーセンテージを考え直してくれ」と言う度胸はもちろんなかった。

添乗員列伝③ ―― 売れっ子添乗員の女の戦い

三番目に紹介するのは東京の派遣会社の先輩添乗員。といっても彼女は私よりずっと年下で、しかも独身なのだ。

この先輩のすごいところは一年くらい先まで旅行会社からの指名が入っていること。その仕事は新聞広告などで参加者を集める一般の団体ツアーではなく社員旅行などのツアーである。

旅行会社のその手のツアーの担当者の引きがすごいのだろう。とにかく売れっ子中の売れっ子添乗員というわけなのだ。

この女性はとにかく仕事に手を抜かない。いかなる時でも、だ。たとえば参加者が観光施設の見学をしているとする。その間の参加者が目の前にいない十分か二十分かは気持ちがゆるむというのが普通でしょう。

ところが彼女はピーンと気持ちが張りつめているのだ。ゆるむということがない。はたで見ていても、その人が緊張しているか、そうでないかはわかるでしょう。

旅行会社の社員だって、そういう時はボーッとしている。それなのに彼女は常に戦闘態勢をととのえているのだ。

そういうところが一年先まで仕事で埋まるということだろう。私には絶対にまねのできることではないが。

それくらい仕事のできる彼女は、その派遣会社で添乗員をたばねる管理職についていた。旅行会社の評価がそうなのだから、派遣会社でもそうなるわな。

ところが彼女にも欠点ともいうべきところがあるのだ。同性のある添乗員に対して変に厳しいところがある。厳しいというより、むちゃな対応をするのだ。

ある種のイジメみたいなものだ。年齢は二人ともほぼ同じ、三十代の半ばだった。ただしイジメをする側は社長の大のお気に入りなのである。

その派遣会社から彼女がチーフで、ほかに四人がある大きなツアーに回された。その中に私とその嫌われ者がいたのである。

その嫌われ添乗員というのは私なんかより仕事のできる人だった。話も上手くて私にもよくしてくれた。ただ難しいところだが、見た目が派手なところのある人なのだ。

チーフの添乗員は服装などの外見も穏やかにしっかりまとまっている。もちろん化粧も控え目だ。対して嫌われ者のほうはすべてがその逆。服装も化粧もちょっとばかり目立つのだ。

ただの中立的な立場から見れば、どっちがどうのということもなく、外見で人を判断するのは気が引けるのだが、はっきりいって二人とも美人だ。ただし私の好みからいわせてもらうとチーフのほうだ。

さて、そうして同じ仕事についたチーフはイヤな仕事を派手めの女性へと回すのだ。何だか見ていて、ちょっぴり気の毒な感じがしちゃったな。

そういう具合に、仕事に一〇〇パーセントを捧《ささ》げる先輩がある時に会社を辞めてしまった。辞めた理由がまた、びっくり仰天なのだ。何と結婚のためだという。といっても相手はまだいないけれど。

添乗員の仕事をしていたら不規則な時間体系で、なかなか異性の人とつきあうこともままならない。だったらすっぱり足を洗うことにしたのだという。

何ごとにも全力投球型の先輩とすれば、結婚は仕事以上に打ち込むべきことかもしれない。けれどもビジネスとは違って、はっきりしない対象なのが厄介といえば厄介だ。

そもそも婚活というのが私の世代にはなかったのだ。結婚の相手など適当に探せばいいではないか。適当な私など、そう思うのであるが。

その、適当に、ができない真面目すぎる人なのだ、先輩は。一日中、気を抜かないで仕事をする彼女には恋愛もただただ真剣なのである。

その後、先輩の結婚がどうなったのか、私の耳には届いていない。

旅行会社の社員列伝①——ぬるま湯体質を変えた男

添乗員の列伝を書き記したが、同じように旅行会社の社員の話もしてみることにする。

まずは私が最初に世話になった柏の旅行会社の新入社員。といっても彼は大学を卒業して三、四年はたっていただろう。だがパート社員を含めたその営業所に勤める十人の中で一番年下であることに変わりはない。

彼は几帳面《きちょうめん》な性格で、聡明《そうめい》なところがあった。しかし、ややユーモアのセンスに欠けるところもあった。いずれにしても、年少者ということもあり、何でも屋的な面もあったのだ。

彼とはこんな仕事でコンビを組むことになる。その日、私は新入りの添乗員と組んで、あるツアーの添乗をすることになっていた。新入りといっても何でも屋社員とは異なり、かなりの年上の女性であったが。

私とその添乗員は出発地が同じ柏の駅前。ただし、そこからは別々の場所をバスで回って集客していくのであった。

私は出発地の柏駅の近くにやってきた。そこにボチボチと私のツアーの参加者が集まり始めていた。

新入りの添乗員のバスも来て、そちらにもポツリポツリと参加者が集い始めていた。なのに、ツアーの出発二十分前のこの時間に添乗員が来ていないのはおかしい。そう思った私はその添乗員に電話してみた。

けれども電話はつながらない。それで旅行会社の担当者に電話した。もちろんその相手は何でも屋稼業の新入社員である。私は彼に状況を説明した。深く寝入っていたような彼は飛び上がったみたいだ。

そうしてツアーのピンチヒッターとしてやってきたのが彼なのである。私も手ぶらで登場した彼をあれこれ助けてあげた。という具合に、営業所内で何かアクシデントがあった場合、若手の彼の出番となった。

この新入社員にとって途中で所長が代わったことが大きかった。彼の初代の所長はほとんど営業所にいなかった。仮にいたとしても、いないのと同じような人であった。

二代目の所長はまったく違うタイプ。所長がこの人に代わって営業所も目に見えて変わり始めた。こんなにもトップが代わると何から何までガラリと変わるのかというくらいに劇的な変化であった。

たとえば、その月内に数日、こんなことがあった。新所長の肝いりで夕方からツアーの特別割引セールスを始めたのである。

パートを含めた営業所内の人たちは全員、電話にかじりついて参加者からかかってくる申し込みを受け付ける。その時の忙しさは営業所の語り草となった。

その所長がこの新入社員に目をかけたのである。俺がこの営業所にいる間、何とかこいつを一人前に仕立て上げようじゃないの。その心積もりでバンバン鍛え上げた。

そうして彼は職場もろとも脱皮していった。それまでのぬるま湯体質の職場がウソのように変わった。

会社、人間なんて上役次第でどうにでもなるもんだ。何が営業所で変わったのかというと雰囲気なのだ。

一人ひとりの電話の受け答えもハキハキしてきた。だから全体的にそれまでジトーッと曇っていたのがパーッと明るくなって晴れたという感じだ。

私は添乗業務の準備、精算などでたまに営業所に顔を出すだけだ。そんな私でも営業所にやる気が満ちているのがわかった。

だから所内の誰彼ではなく全員がピリッとして仕事をしているという感じがした。もちろん例外もいる。「セカンド（次長）はつらいよ」の項目（八八ページ）で紹介したあの次長だ。相変わらずマイペースで頑張っていましたよ。

そうした営業所内の変革ムードに乗って新入社員もバンバン仕事をこなしていった。若いというのはこういう時に財産なのだ。

彼を見ていると、人には運というものがあるのがわかる。彼は運に恵まれた。またとない上司にめぐり合えたのだから。

旅行会社の社員列伝②——言うことがコロコロ変わる男

次は私が最もよく仕事をした旅行会社の社員である。その人とは一度しか仕事をしなかったものの、よく覚えているのだ。

最初にその社員から電話があったのは、ある夕方であった。彼が所属しているのは神奈川県の平塚《ひらつか》営業所。三日後にその営業所で私の行くツアーのことで打ち合わせをするということになった。無論、私は了承した。

翌日、彼からまた電話があった。会うのは当初の予定の翌日にしてくれとのこと。急用ができたそうなのだ。その日は東京の有楽町《ゆうらくちょう》に行くので、そこで会おうということだ。もちろん私も承知した。

そうして私たちは有楽町の喫茶店で出会った。仕事は温泉で有名な神奈川県の湯河原《ゆがわら》発のツアーであった。地元の農業関係者のツアーで群馬県の伊香保《いかほ》温泉を訪れるというものであった。

そうして一泊二日のそのツアーに出かけて無事に戻ってきた。湯河原への帰着が遅くなったので、精算は別の日に改めてするということであった。

彼に改めて指定された日に私は平塚営業所に向かうところであった。ところが、またも電話が入った。

「ごめんなさいね。今日も急用ができちゃいまして。また別のところで、ということで」とのこと。もちろん、こちらは受け入れるしかないではないか。

そうして向こうの指定した横浜《よこはま》に行くと、またまた彼からの連絡だ。「またかよー」と心で思った。

「またまたごめんね。そちらに行けなくなっちゃった。平塚営業所まで来てよ」とのこと。私は承知したことを伝え、平塚で彼と会いましたよ。

という具合に、彼は会う場所と時をコロコロ変えてくるのであった。彼は自分の言うことに責任を持つことのできない困った人間なのだ。

この旅行会社は私のなじみで、いろいろな社員と様々な場所で打ち合わせをした。けれども彼のように会う場所をポンポン変える人は、これが最初で最後であった。

おそらく彼はほかの添乗員にも同じことをしているのであろう。これは彼の一種のクセみたいなものだと思って、私はあきらめたが。

それでも、この変節マンにもいい面もあったのである。神奈川県の湯河原発のツアーということで、千葉県の柏の自宅からでは朝の出発に間に合わない。それで前泊ということで湯河原に宿泊した。

泊まったのは公共の宿で、それほど高価な宿賃を払ってはいない。それに、そこは湯河原温泉ということで駅からは遠い。すると驚いたことに駅から旅館までタクシーに乗っていいと言われたのだ。

タクシーを利用するなど、ほかの旅行会社では絶対にない。担当者がインターネットを閲覧して湯河原駅から何駅か電車に乗ってでも最安のビジネスホテルを探し出して、そこに行かせる。

もちろん駅からタクシーなどNGに決まっている。徒歩と電車、バス以外にはありえないのだ。

ところが、この変節マンの会社、社員はその点、添乗員を優遇してくれる。だから変節マンのコロコロ変更も許してあげちゃうよ。

旅行会社の社員列伝③
社内政治に翻弄される男

さて、最後に紹介するのは、この変節マンの所属している会社と異なり、私の最も苦手としている会社の社員である。

ちなみに苦手にしているのは何も私だけではないのだ。あそこの旅行会社自体がイヤだという派遣の添乗員は、それこそわんさかいる。

そこで、その会社の社員、三十歳前後と思われる男性である。きつい言い方となるが、本当に何から何までイヤなやつなのだ。話し方から何からネチネチして嫌味ったらしいのだ。しかも、いつも上から目線でものを言うのがまた憎たらしい。

それでも添乗の仕事が上手くいっている時はまだよかったのだ。私があるツアーで失敗した折にはケチョンケチョンに言われてしまった。

もともと私とは相性がいまいちだったのであろう。さらに派遣会社に電話して私のことをあれこれ言ったらしい。

派遣会社からそのことを聞き、やっぱりな、と思った。その社員のいる部署に会社からは、もう私を派遣しないとのこと。うちの会社もよっぽどのことを社員から言われたみたいだ。

業界の事情に明るい添乗員によれば、あの旅行会社の社員事情はいろいろ込み入っているらしい。社内が正規の正社員と、その下の準社員に分かれているそうだ。

その準社員がきちんと業務をこなせば晴れて正社員になることができるという。私にあれこれ文句をつけたのは準社員ではないかとのこと。なるほど。

そういえば、その旅行会社でインドの仕事をした折、アクシデントがあって、その会社に電話した。その際にたまたま電話に出たのが課長で、実に丁寧に応対してくれた。同じ会社でも立場が違うと話し方まで変わって、びっくりである。

ある日、その旅行会社の別の営業所の仕事で東京のバス発着所に行った。すると大勢バスを待っている添乗員の中に、あのネチネチ男がいるではないの。

いつもと違ってネチネチ男の上から目線はどこへやら、緊張した顔をしているのだ。あの男があんな顔をしているよ。私は思わず笑ってしまった。

その会社では社員が年間何日か、添乗に出るというルールがあるという。今日はその日なのだろう。

ネチネチ男は発着所の責任者にあれこれ文句を言われているようだ。いつもの添乗員に対する横柄な態度と打って変わって素直に応じていた。

その旅行会社が派遣添乗員の間で評判がよくないのは先にも記した。そのネチネチ男が叱られている姿を見て、何となくではあるが、その事情が納得できちゃったのだ。

旅行会社の社員列伝④
アホな担当者に泣かされた

天気がよく、ツアーの内容も充実している、とくれば、添乗員としては堪《こた》えられないツアーとなる。そういうツアーでは誰が添乗しても成功の旅となるだろう。

だが天気が急変、それもただの変わり方ではなく、嵐が来るとしよう。さあ、そうなると大変なことになってしまうぞ。

私はそんな空模様のツアーに添乗したことがある。しかも電車がストップしてしまい、一日さらに泊まるのをプラスすることになってしまった。

そのうえ、延びた一泊のホテルの手続きに時間がかかってしまう。それでツアーの参加者には多大な迷惑をかけてしまった。トホホ極まれりのツアーなのであった。

そのツアーは長野駅発で三重県の伊勢《いせ》神宮や和歌山県の高野山《こうやさん》などをめぐる三泊四日の旅であった。長野駅を出て名古屋駅まで特急電車で行く。そして、そこからバスに乗って各地を回るというツアーである。

ツアーは最初のうちは天気にも恵まれ、しごく快適であった。しかし、三日目の夜から空模様が急変。嵐に見舞われることになってしまった。

次の日はまず高野山にお参り。それから名古屋に向かって長野に帰る予定であった。

しかし、雲行きが変わったので、四日目の朝にインターネットで電車の運行状況を調べてみた。すると長野行きの電車は午後から運休になっているではないか。

それで朝食後に旅行会社の担当者に電話を入れる。そうして、その旨を伝えてツアーを続けるかを聞いてみた。

すると、「名古屋からはバスを手配する。だから安心して続けてください」という返事。その妙にあっけらかんとした言い方が逆に気になってしまった。

こちらは現在、雨、風ともに勢いを増している。向こうの長野はまだそうでもないようだ。添乗員としては安心してよと言われては頑張るしかない。両者の心のギャップはどうしようもないのだ。

バスは風雨の中を高野山に向かう。参加者たちも不安そうだ。やがて、どうにか高野山の駐車場に到着。そこで当地の案内人と合流した。ほかの参拝者の姿は見当たらなかった。

そうして案内人を先頭に雨にも負けず、風にも負けずと頑張りましたとも。その後、昼食を摂って早々に下山することにした。

しばらくすると旅行会社から連絡が入る。名古屋方面のバス会社にはすべて断られてしまった。今、長野のほうのバス会社に当たっているそうだ。

その口ぶりは朝のケロリとした様子ではない。代わりに少しばかりあせっている感じがした。ようやく事態の深刻さに気がついたようだ。

やがて山道を下り切り、バスは市街地へと入っていった。すると再び旅行会社から電話が入る。長野のバス会社がようやく見つかった。そしてバスのドライバーの連絡先を教えられた。ようやくひと安心できた。

バスガイドが悪天候の折の今までの経験をユーモアを交えて語っている。しかし、現在進行形で危機に直面している当方にはあまり笑えないのであった。

そのうちに名古屋駅に近づいた頃、また旅行会社からの連絡。長野のバスはそちらに向かったが、途中で川が氾濫して通行止め。だからバスで帰るのは中止となった。

ガーンである。一体どのように参加者にそのことを説明すればいいのだ。まったく泣きたくなってしまった。

結果、名古屋にもう一泊ということになった。ホテルが見つかり次第、また連絡をくれるそうだ。

私が朝に電話した際に高野山行きを中止にすべきだったのだ。午前中に特急電車で帰っていれば、こんな最悪なことは避けられたのだ。

しばらくバスは名古屋駅で旅行会社からの連絡を待つことにした。そうして連絡が入り、駅のほど近くの東横インに泊まることになった。そこまでバスで送ってもらった。

ところがホテルに着いてギョッとしてしまった。フロントには長蛇の列ができているのだ。ほかの列車もこの嵐で止まってしまい、名古屋泊まりが多くなったのだ。結局、フロントで一時間も時間をつぶしてしまう。

それから各自、部屋に向かう。もちろんその夜は安眠などできず、疲れがたまった状態で朝を迎え、すぐに駅に向かう。

その段階で駅にはもうものすごい人の列ができていた。この人たちは駅で寝たのかなと思ったよ。

しばらくして私の番になり、ようやく昼近くに出発の切符を手に入れた。それで集合地に駆けつけようとしたが、どこもかしこもパニック状態。

どうにかこうにか人をかき分けて、ようやく到着した。集合時刻は九時で、ポツリポツりと集まってきた。

参加者たちは疲れた顔をしていた。それはそうだろう。私は切符の件を伝え、いったんは解散して再び集まってもらうことにした。私はレストランに入って、ようやく食事を摂った。

いまだパニック状態と化している駅の一角に再びツアーの一行が集合した。ようやく長野に戻るのだ。長い、長い、本当に長い一泊延長の旅であった。

今回ははっきりいって担当者の判断ミスである。四日目に高野山に行かないとなれば、ツアー不履行となる。そのため、参加者に代金の一部を返済しなければならないのだ。

高野山への強行で、その返済は回避することができた。けれども代金以上のものを失ってしまったのでは……そんな気がしてならない。ヘトヘトに疲れたツアーであった。

第4章

海外ツアー徒然日誌

トルコのダンスショーの裏で

アルコールというものは人を惑わせてしまう。そのために重要な仕事についている人でも職を失ってしまうということも少なくない。

ある政治家は酔っ払って朦朧《もうろう》とした状態で記者会見を開く。その結果、大きな批判を招くことになる。そうして、のちには自殺をとげる結末を迎えてしまう。その政治家は総理大臣の候補であったという。

だいぶスケールは落ちてしまうが、旅行業界にもまた、そのような例はたっぷりある。いっぱいありすぎて困ってしまうほどなのだ。

今から二十年近く前のこと。スキモノの観光バスのドライバーと、これまた嫌いではない添乗員が仕事を組んだ。泊まりの仕事で、その夜はドライバーと添乗員が仲よく夕食をともにすることになる。

その時に二人は好きなビールを呑んだ。相性がいいというのも時には考えものである。話が妙に弾んでしまい、ビールが一本、二本、三本……と、どんどん空になっていく。

好きなだけにボンボンと空けてしまい、ついにはともにベロベロになってしまった。

現在はドライバーが宿泊する宿でアルコールを呑むことは厳として禁じられている。ハンドルを握る前の朝にドライバーは機械で飲酒のチェックをする。そうして、その結果をバス会社に送るというのが現状である。

しかし、二十年も前のこととなると、飲酒のチェックの機械など、まだ普及していなかった。そして当時は酒を呑むことに対してだいぶゆるいものがあった。ドライバーが軽く呑んでもどうということもないのが、むしろ一般的であった。

しかし、である。その時のドライバーと添乗員はベロベロになるまで酔ってしまった。そうなると話は別なのだ。朝、赭《あか》ら顔をして酒くさいドライバーが運転席にいるのを参加者はどのように見たか。

何しろ観光バスのドライバーの仕事というのは人さまの命を預かるもの。四十名ほどのツアーの参加者が一瞬で、もしかすると、ということにもなりかねないのだ。

おおらかな時代がはたして良かったのか悪かったのか。その日、ドライバーは何ごともなく無事に役目を終えた。ドライバーも、添乗員も、そして参加者たちも、さぞや疲れた日であったことだろう。

ところが翌日、大変なことが起こる。旅行会社に参加者からクレームの電話が入ったのである。そうして添乗員、ドライバーともに始末書を書かされてしまう。

それにしても、それだけで済んでしまうとは。同じことが今起これば絶対に許されはしない。そもそも前にも述べたが、現在はチェック体制が厳しく、赭ら顔をしたドライバーなどありえないのだ。

そのチェックをくぐって、もしドライバーが酒気を帯びて運転したとしよう。まちがいなく現在ではクビになってしまう。

ちなみに、ではあるが、嫌いではないという添乗員は、もちろんのこと私ではありません。その頃の初心者添乗員の私にとって大先輩に当たる女性であった。

その女性は日頃からアルコールに対してルーズな噂の絶えない人であった。仕事の最中の昼食時に酒を呑んだという話を聞いたことがある。添乗員は酔っても参加者の命を奪うということはないのではあるが。

その先輩の日頃のノリにつきあわされて杯を重ねてしまったのが件のドライバーの運のツキということか。

そんな海千山千の輩の中にあって、「お前はどうなんだ」と聞かれたとしよう。はっきり否定できないのが、これまたスキモノの悲しいところだ。

添乗員にとって経験はまことに大切なものである。だが経験を重ねると、ずるいことをしてしまうというのも、また人間の一面なのである。

ある時にトルコに行くツアーばかり重なってしまうことがあった。イスタンブールから成田《なりた》に到着し、一週間ばかり日本で過ごすと、再びトルコに旅立つというスケジュールである。

そんなツアーばかりしていた時のこと。トルコツアーでは必ずベリーダンスショーというのがついてくる。ベリーダンスというのは世界最古の踊りともいわれ、ちょっぴりセクシーなところが売りなのである。

ツアーの参加者たちはそのダンスを間近に見ながら食事を楽しもうというのだ。レストランに滞在するのは一時間半ほどである。

添乗員は参加者たちを席へと案内する。そうして帰る時間までは奥まった席で日本語ガイドとともに食事をする。その時に酒を呑もうと思えば呑むことも可能なのだ。

もちろんトルコに行った最初の頃はアルコールなどは口に含んだこともなかった。だから色っぽい踊りを鑑賞しながら食事をしましたとも。

ショーの合間には観客がステージに上がるというコーナーがある。素人参加の素朴なショーがしばらく繰り広げられる。

その際に時には我がツアーの参加者が下手《へた》な踊りを見せてくれたりする。けっこう愉快な思い（？）をしたものである。

だが回数を重ねるうちにショーの刺激がじょじょに薄れてくる。そうなれば食事の時にアルコールをちょっと、というのが人情というものではなかろうか。

そのちょっとの壁が回数を重ねるごとに次第に崩れていってしまうのだ。そして、ついにはベロベロになるまで呑んでしまうということになる。

どうせショーのあとはバスに乗ってホテルに帰って寝るだけだ。私のこのあとの仕事といえばバスに乗る人数のチェックだけなのである。

旅行会社の中にはツアーの費用を削るためにトルコツアーでは添乗員をつけないところもある。そんなツアーでは日本語ガイドが添乗員も兼ねるのだ。

つまりガイドにとって人数確認などお茶の子さいさいというわけだ。だから、その仕事をガイドに任せることにした。

そうなると、もう怖いものなど何もない。ガンガンとアルコールにのめり込んでいきました とも。

だからトルコツアーというと、ベリーダンスショーの酒盛りを思い出してしまうのだ。ダメ添乗員のちょっぴり内緒の話ではある。もちろんここだけの秘密だ。本当にここだけの話。

トルコの土産物店

トルコツアーには定番の土産物店がある。革製品にトルコ石、そして絨毯《じゅうたん》を売る店だ。いずれも旅行会社の指定の土産物店で、会社に手数料が入る。そして添乗員にも、だ。だから店の売上は気になるところ。

いずれの店も高価なものを売っている。ただ、この三店の中であえていえば、革製品が一般向けであろう。だから、こちらの店が参加者には人気が高い。

この店ではまず買い物の前にファッションショーを見せるのだ。数人のモデルが店で売っているコートやジャケットなどを着て練り歩くというわけだ。スタイルのいいモデルが着ると、やっぱりカッコよく見えちゃうのだ。

また、このファッションショーにはツアーから三人が選ばれてモデルといっしょに歩く。照れてしまってまったくダメという人がいる。その一方で、モデルと同様、堂々とシナを作る人までいるのだ。

モデルに選抜された人の連れは写真撮影で大変だ。ある時に新婚カップルのお嫁さんが選ばれてしまった。旦那さんは会場中を走り回ってパチパチとえらい騒ぎになってしまったっけ。

そのショーのあと、店内に移動して買い物タイムとなるわけだ。だいたいいつもそこそこに売れている。

革製品というとイタリア製が有名だが、あちらは値段が高い。けれどもトルコ製は、それに比べればグッと庶民的なのだ。

ファッションショーのモデルをした人は、ちょっぴり安く買うことができる。その「ちょっぴり」が効くのか、たいてい「モデル」は買っている。

あるツアーで一着も売れないことがあった。参加者は二十人いたが皆、さっさとバスに戻ってしまう。これには日本語ガイドもがっかりしていた。

彼らガイドはもちろん日本の旅行会社からガイド料をもらう。けれども、それはわずかな額で、それだけでは生活は無理なのだ。そこで当てにしているのが革製品屋さんなどの現金のキックバックなのである。

ガイドも参加者がジャンパーなどをはおると、「似合ってますよ」などと声をかけるなどして買わせようとする。それでもダメな時にはダメなのだ。

私もがっくりしながら参加者に「ジャケットやコートは、いかがでした」と聞いてみた。するとと中年男性が、「いいことはいいけど、日本に帰ればユニクロがあるもの。それでたくさん」とのこと。言われてみれば、たしかにそうなんだよね。

トルコ石は幸福を呼び寄せるといわれる。ラッキーな青い宝石だ。だが、トルコ石にはほとんどの人が興味を示しもしない。

それでも、わずかながら関心のある人はいる。たいていツアーに一人か二人だけど。まあ、日本の宝石店と同じだ。滞在時間は一時間、その一人か二人はギリギリまで、あれはどうかしら、こちらはどうかしらと悩むのだ。

こちらとしても大きな声では言えないが、現金のバックがあるから、買い物はしてほしい。だから、待たされているその他大勢をなだめるのも私の仕事の一つというわけだ。

先ほどのツアーでは旅行会社指定の革製品とトルコ石、それに絨毯屋さんに寄ると言った。だが日本語ガイドによっては、さらなる現金のバックを目当てにして、それ以外の店に寄ることもある。

「もちろん添乗員さんにもバックがありますからね」とガイド。私はそういうのに弱い。

だから、ついガイドにOKを出してしまう。ガイドは嬉々《きき》としてツアーの一行を案内する。あるツアーでは焼き物店に寄った。革製品やトルコ石、絨毯に比べるとグッと安い。それで参加者にはむしろ好評であった。

ただ指定以外の店に行くのはかなり危険もあるのだ。というのも原則として旅行会社からは、それがNGとなっているからだ。

あるツアーではアンケートにそのことを書かれ、その添乗員はクビになってしまったという。クビになっちまったら、なっちまったまでだ。そう私は妙に割り切っていたが。

さて、もう一軒の絨毯屋さんだが、こちらも買う人は限られてしまう。店のスタッフもそのことはわかっていて、無理にすすめようとはしない。

ある時のツアーでひじょうに高価な絨毯を買った夫婦がいた。とくに奥さんのほうがそちらに興味があるみたいだ。当然、現金のバックもなかなかのものだった。添乗員、ガイドともにホクホク顔となった。

その絨毯屋さんはツアーの最終地のイスタンブールにあった。そして、その翌日もまたイスタンブールの観光なのであった。

その日、日本語ガイドは張り切ったのなんの。自由時間にその奥さんに張りついて、なんやかやと聞き出していた。何しろ大都会のイスタンブールにはどんな店でもあるからね。

そして、その翌日に参加者がトプカプ宮殿を自由見学している間にガイドとその夫婦は一時間近くツアーを離れたのだ。

三人がいずこに去ったのかは不明だ。まあ、宝石などの高価なものを売る店に行ったのだろう。

やがて三人が帰ってきた。ガイドは私にこっそり、そこそこの紙幣を渡すのであった。ガイドを見るとニンマリしていた。

不思議の国インド

インドが今、世界でそこそこ注目を集めている。現代の世界の二大国家といえば、もちろんアメリカと中国。その中国を脅かしているのがインドなのである。

インドは現段階ですでに人口において、わずかに中国を抜いて世界一の人口大国だ。そしてGDP（国内総生産）においても中国を超すのではといわれている。

現在のGDPの世界順位のベスト5はアメリカ、中国、日本、ドイツ、そしてインドだ。そのインドが上位の三カ国を抜き去るというのだから、すさまじいではないか。

外交においてもインドはしたたかな面を見せている。日本やアメリカにもいい顔を見せるし、かと思えばロシアとも仲よしなのである。どういう国だとたやすく言えないのがインドなのだ。

私がインドを旅したのは今から十五年ほど前のこと。とにかくその時に一番印象に残ったのは、日本と比べると不潔なところだな、ということ。その国が経済的に世界有数になっているにしては。

当時でもこの国では有産階級と貧乏な人々の差は天と地ほどあった。有産の人々が日本のトータル人口より多いといわれているのだ。

逆に懐が寒いという人は果てしなく寒いのだ。たとえばトイレ、水道もままならないという人がごまんといるのだ。

インドをバスで旅していると街中で裸同然にフラフラしている人をよく見る。日本語のガイドに聞くと産みっ放しにされた赤ん坊の成れの果てとか。いってしまうと野良猫、野良犬と同じような扱いなのだ。

日本は素晴らしき社会主義国家だと言った人がいる。それら野良人間を目の当たりにすると、まさにそうなのだ。

そういうギリギリで生活している人たちは日本人ツアーの周りによく集まった。物売り、物乞いたちである。彼らはしつこいといったらない。一度断ったくらいではびくともしないのだ。

あるいはまた、ツアー中に子どもの見せ物が現れる。曲芸などを見せてくれるのだ。ツアーの参加者は年輩の人が多い。涙腺を刺激されるのであろうか、いくばくかのテラ銭が投げられる。

日本語ガイドによれば、そのテラ銭が曲芸師一家の拠《よ》り所《どころ》なのだそうである。一家というのは我が国みたいに四人前後の小粒ではない。ドンと十人ほどとのこと。スケールと質が、すべてにおいて、インドと日本では異なるのだ。

インドツアーではそういうギリギリのラインの人たちに接してきた。だからウソだろうと言いたいのだ。日本がGDPでインドに負けるなんて。

日本にも貧しい人たちはたくさんいる。だが貧しさのレベルがインドとは異なるのだ。インドでは見るからに生活に困っていそうな姿をしている。日本の国内でそこまで困っているような外見の人を見かけますか。

インドの食事というのはご存じの通り、カレー中心なのだ。一日三食がカレーとともにあるといっても過言ではない。

でも、ガイドによれば、我々がインドで食べるカレー料理は日本人向けのものだという。

インド人の食べるカレーはとても日本人の口に合うようなものではないそうだ。

ふーん。そんなことを聞いては食べてみたいな、その本物のカレーを。実は私はほんのちょっぴりながら食べたことがあるんですよ。

ある時のインドツアーで日本語ガイドを案内人として街歩きをしたことがあった。バスを降りてガイドの話を聞きながら、あっちこっちと回ったものだ。

そんなとある街角でツアーの一行から中年の男性一人がスーッと走り出ていくではないか。一人参加の人で、食事の時にいつもムシャムシャ、パクパクと忙しくしている人であった。

どこに行くのであろうか。私がジーッと見ていると、ズラッと並んだ屋台の一つに飛び込んでいった。

そうしてハーハーという荒い息を吐きながら、その人は戻ってきた。そして私に「一つどうぞ」とカレーパンを差し出すではないの。

街角で売っている屋台のパン屋さんを見つけ、急に食欲をそそられたのであろう。私にまで買ってきてくれるとは案外に気がきくではないの。

それでは、ということで早速いただくことにした。一口かじると辛《から》いの何の、すぐに大量の水を飲みましたよ。これこそはインド人のためのカレーパンなのだ。

たしかにガイドの言う通りだ。日本人向けの優しいカレーではない。でもピリリとした独特の強烈な辛さが刺激的。いつもと異なる、頭にツーンとくる辛さがいい。
インドのカレーというと、私はあのカレーパンを思い出す。ピリリとくる感触が何とも
いえないのだ。

タージ・マハルで熱中症に

十歳の子どもの頃、真夏に野球をして遊んだ。昼食を摂った午後のことである。今の猛暑の時期なら親は子どもを炎天下になど行かせないであろう。

今の子どもは草野球などしないであろう。気軽にできる場所もないし。けれども我らが子どもの時はそれしかなかったのだ。

私はセカンドかサード、いや外野だったのかもしれない。とにかく守備についていた。クラクラする太陽がまぶしい限りであった。

そのうちに身体の中までクラクラし始めてきた。そうして、どうやら倒れ込んでしまったらしいのだ。その後のことはまったくわからない。

気がついた時には家の布団の中に横たわっていた。現在ではあまりいわないが、その当時は日射病といっていた。今でいうところの熱中症である。

とにかく私は相当に重症なのであった。朦朧として三日三晩にわたって寝込んだそうな。

当時は医者が我が家まで来てくれて、寝ている私に何やら知らないが、太《ぶっと》い注射を打つのであった。朦朧とはしていたものの、注射器の異常な太さは目に焼きついている。大げさではなく、我が人生最大の命が危ない時であった。私は元来が頑健で、ほとんど病気などしたこともない。常にビンビンである。そんな私の危機一髪であった。私の子どもの頃も、そんな重い病気になるくらいに、やはりそれなりに夏は厳しかったのだ。だが現在の夏の暑さはどうも当時とは桁が違うようだ。北国や高地以外では太陽の下で過ごさなくても家の中でも熱中症になるそうである。その病にかかると朦朧となってしまい、危険ですぞ。ご注意を。

インドは私が添乗員として初めて訪れた外国である。その後は何度もかの国に足を運んだ。そして、その国では観光で必ずといっていいほど行くところがある。タージ・マハルである。

白の大理石《だいりせき》を用いたピカピカに光る建物なのだ。初めてそれを目にした時には感激のあまり言葉もなかった。優美で麗しい様はこの世のものとは思えないほどであった。

観光を目的としたツアーではタージ・マハルは目玉中の目玉である。それが証拠に、ツアーによってはここを二回も訪れることがあるほどだ。

その建造物はムガール帝国の第五代皇帝が最愛の妻に捧げた霊廟《れいびょう》なのだ。この霊廟建設のために国が傾くほどであったという。

国の財政がガタガタになる建物はバイエルン王のルードヴィヒ二世が建てたノイシュヴァンシュタイン城もそうである。現在ではその二つともが世界中から観光客がやってくる名所の中の名所となっている。

さて、タージ・マハルには春夏秋冬のいずれの季節にも訪れた。意外に思うかもしれないが、インドの冬はそれなりに寒いのだ。

とはいえ、インドといえば、やはり夏なのだ。暑いのだ。その暑さの桁が日本とは違うのだ。

我が国でいうお盆休みの時にインドを観光した。ツアーはおよそ三十人。そうしてやってきたのがタージ・マハル。この霊廟を見学する前に日本語ガイドから様々な説明やアドバイスがあった。

まずはこの霊廟の概略の説明。そして、ここはインド観光のハイライトで、世界中から人々が訪れる。そのため、中はひじょうに混んでいるので、スリや置き引き、痴漢などに注意すること。そして暑さ対策も、だ。

さて、その後は自由行動で見学の時間となる。私と日本語ガイドは近くのレストハウスでお茶を飲むことにした。やはり暑い時には涼しいところが一番いい。

しばらくしてパラパラと我がツアー参加者たちが帰ってくる。皆、目を輝かせて感動した様子を語り合っている。

そのうちに親子で参加している女性二人組が帰ってきた。様子を見ると、六十代の親のほうが、どうも足取りがフラフラしている。おまけに顔が赤く、口から出る息がハアハアしている。

先に帰ってきたツアーの同年輩の女性が心配して、「どうしたの」と聞いている。親のほうは見学していて、そのうちに暑さで気分が悪くなってきたのと答える。

声をかけたほうの人は芝生にその具合の悪い人を寝かしつけた。そして扇子でパタパタあおいでやっている。

それから、その女性は寝ている親の子どもに言って水を買ってこさせた。それを飲ませるなどしているうちに元気が回復してきたようだ。

どうやら熱中症のようなのだ。ただし、その昔、私がなったのとは違い、軽症だったのがよかった。インドの真夏は、やはり日本人には危険のレベルが違うようだ。

助けたその女性は看護師をしているとのこと。どうりで病人の世話の手際が尋常ではなかった。ラッキーだった。親切な看護師がいてくださって。

もし倒れた女性がそのまま起き上がれなくなったら、私もツアーも大変なことになっちゃったもの。

第5章

添乗員は気楽な稼業と来たもんだ

今日の御嶽海

二〇二〇年から新型コロナウイルスが大流行して日本、いや世界中が大変なことになってしまった。会社には社員が出勤せず、自宅でリモートワークに励んだものだ。旅行業界もまた、ものすごい痛手を受けてしまう。添乗員の仕事など吹っ飛んでなくなってしまった。そのおかげで、私などはこうして文筆業に手を染めるようになってしまったが。

日々の添乗業務から解放されて、私はたっぷりすぎるくらいに時間に余裕ができてしまった。それで毎日、大相撲をやっている時はテレビで観戦する習慣が身についてしまった。もちろん添乗業務をしていた時分にも大相撲には大いに関心があった。それで仕事が終わった自由時間に酒をチビリチビリやりながらスポーツニュースを見るようにはしていた。

それが有り余る時間を味方にして、生まれて初めて十五日間の大相撲を観戦するようになったのだ。これがまた面白いのなんの。そうなると大相撲が行われている時には毎日毎日、夕方になるのが楽しみであった。

およそ二週間にわたる闘いは日頃、そういう格闘技とは無縁の当方にとって、まさに血湧き肉躍るような時間なのだ。

何しろ百五十キログラム前後の大男二人が真正面から本気でぶつかり合う。その迫力たるや、テレビの画面越しとはいえ、すさまじいばかりである。

その一戦一戦にも手に汗握ったものである。そのうえに十五日間の闘いというのはやはり心の戦《いくさ》なのだ。たとえば十日目あたりで、ある力士が優勝争いの単独トップに立ったとしよう。

すると、それを意識しすぎてしまった彼がにわかにコチンコチンになってしまう。そして前日までのような無心に思い切った動きができなくなっちゃうのだ。

そんな状態になって優勝戦線から脱落していった心の青き力士を何人も見たものだ。これこそは全日程の大相撲を見るようになった私の、優勝争いのもう一つの楽しみ方なのである。

そんなことを考えると、何のかんのといっても、往年の白鵬《はくほう》関はすごかった。四十五回もの優勝だもの。別格だよ。いろいろと悪口も言われたけれども、プレッシャーを力に変えることができた数少ない力士の中の力士だといえる。

また、相撲というのは地方地方で育った、おらが力士の見せ場でもある。いろいろな地方に足を延ばすと、その地方の郷土ニュースにおいて、その地方出身の力士がクローズアップされる。

私が最近の添乗業務の主戦場にしている長野では御嶽海《みたけうみ》がまさにそうなのである。長野のローカルニュースでは彼の姿を本当によく見かける。

また、長野県内の道の駅に赴けば、警察官の格好をした姿を写した写真にも出会った。長野ではまさに御嶽海、御嶽海なのである。

雷電為右エ門《らいでんためえもん》という力士をご存じか。江戸《えど》時代中期の相撲取りで、身長が何と百九十七センチメートルという超大柄。そして史上最強力士という呼び名が高い。

御嶽海はその雷電以来の長野生まれの凄腕《すごうで》の力士なのだ。雷電以来の久々の大関なんですぞ。地元で大騒ぎになるのも、ある意味、当然ではないか。

さて、大相撲開催中のこと。私が添乗員として長野県発のツアー中のバスに乗っていたとしよう。誰かがスマートフォンで調べて御嶽海が勝ったと告げたとする。

するとバス内はもう大拍手の嵐である。バスに乗っている誰もが大はしゃぎとなる。理屈もへったくれもなしに、皆がそのことを喜ぶ。すごいことだ。

とくにすさまじかったのが、彼が大関に昇進するまで、そして大関にいる間のこと。この時期の贔屓《ひいき》のボルテージは半端ではなかった。

ところで御嶽海は幕内で三度も優勝しているのだ。これは当時の現役の力士では照ノ富《てるのふ》士《じ》、貴景勝《たかけいしょう》（二〇二四年九月引退）に次いで三番目の成績なのである。

あの勝負師らしからぬ茶目っけのちょっぴりある顔からすると意外だ。きっとここぞという時の集中力、そしてプレッシャーに押しつぶされない力がすごいのであろう。

「今日の御嶽海はどうなったの」。それこそが大相撲が開かれている時期の長野県内の最大の関心事なのである。相撲に関心のある人も、ない人もである。

この原稿をしたためているのは二〇二四年の名古屋場所の最中。愛知県は御嶽海の出身地の長野県の木曽《きそ》地方に近いから、彼にとっては準ご当地場所になる。

そのせいか、いつにも増して御嶽海のファンが多い。御嶽海の名の入ったタオルをかざしている人がけっこう目についたりする。

そんな場所ということもあって、七勝八敗と負け越しながらも存在感を発揮する相撲が目についた。

この名古屋場所は大《おお》の里《さと》、平戸海《ひらどうみ》などの若手が台頭。逆に長年にわたって大関にいた貴景勝が陥落してしまった。新旧交代の波がヒタヒタ来ているのだろう。

私も長野ツアーの経験もあって、あの熱狂の渦に入り込みたい。今日の御嶽海、長野県民の願いがかかっている。ドスコイ。頑張ってくれよ。

ツアーのあとに、どうぞ本を

皆さんは新型コロナウイルスが席巻していた時に何をしていたか記憶にありますか。私は覚えている。それもはっきりと。

病気が蔓延していた頃、添乗員の仕事がまったくなくなって、私は暇になってしまった。その時間を利用して本の原稿を執筆したのである。

もともと添乗業務で出会った貴重な経験をいつかは本にしたいと思っていた。書くネタならそこそこある。

毎日、自宅でシコシコ原稿用紙に字を埋めていった。苦しい時も楽しい時もあった。もともと私はライター稼業をしていたので、文字とは親しい関係にあった。それで何とかなったのだ。

原稿を書き上げたら、かつて仕事をしていた出版社に持ち込んだ。昔の仲間の編集者にはやんわり断られてしまう。「今は紙の本を出すのは難しい時代なんですよ」と注意めいたことまで言われてしまった。

それから十社ほど出版社に売り込んだ。だが、いずれの社からもいい返事はもらえなかった。ところが三五館シンシャという会社に話を持っていくと、この時ばかりはやけに向こうが乗り気になったのだ。

そうして世に出たのが『派遣添乗員ヘトヘト日記』なのである。もちろん本のタイトルは出版社がつけた。念のため。

ひじょうに売れた『交通誘導員ヨレヨレ日記』に次ぐ日記シリーズの第二弾ということで、そこそこ注目を浴びることになった。

そして本もまあまあ売れたのである。自慢話めいてしまうが、私の本がベストセラー作家の佐藤愛子《さとうあいこ》氏や阿川佐和子《あがわさわこ》氏と並んで書店に平積みにされていたのだ。何だか夢みたいな本当の話なのだ。

それが五年前のこと。その後、『旅行業界グラグラ日誌』という本を出す。これははっきり申し上げて前作ほどは売れなかった。

さらにホテルに泊まり歩いた感想記を原稿にした。けれども、これにはどの出版社も心を示さず、ホコリをかぶっている。これがここ四年間の文筆稼業のあらましである。

『派遣添乗員ヘトヘト日記』が出版されて以降、添乗業務で必ずといっていいほど行うことがある。仕事が終わる頃、すなわち参加者がバスを去る少し前に、私の出した本を売り込むのだ。

四十人くらいの参加者がいる場合、必ず一人か二人は興味を示してくれる。本を読む割合というのは、そんなものであろう。

何せ今はスマートフォンという便利なものがある。『派遣添乗員ヘトヘト日記』か梅村達《たつ》で検索すれば、即座に画面に現れるのだ。

画面には書評も出てきて評判がすぐにわかる。私の本はインターネット上でそこそこの成績を残している。

もっとも書評を一〇〇パーセント信じてはいけない。出版社から、家族で本を買い、甘い書評を出すようにという指示があったのだ。

「エーッ、サクラをするんですか」と、のけぞってしまった。「サクラなんて、そんな。誰でも皆、やってることなんですから」と出版社。

結局、家族や友人に頼んで三件もの甘い書評を書いてもらった。だから書評に限らず、ネットの評判というものを鵜呑《うの》みにしてはいけないのだ。本書を刊行している清談社

Publicoさんは、サクラは一切やっていないとのことだが。

ツアーの出発が松本空港の時はラッキーである。松本空港までは自動車で行く。その車にいつも本を数冊積んである。だから申し出てくれれば、車まで飛んでいって本を渡すことができる。

その時には、「買っていただければ、サインでも何でもいたしますよ」と声をかける。そうして本の購入者が出てくる。たいてい本にサインを希望する。

この時は自分の作ったものを、こうしてお金を出して実際に買う人もいるのだなぁと、自分ながらに不思議な思いをするのだ。

ある時にツアーが何から何まですごく上手くいったことがある。そんなことは一年に数度だけどね。とにかくそういう時は本が売れる。

逆にツアーが失敗した時は、まず売れない。だから最近では、そういう時はセールスを中止にしてしまう。

先日、松本空港から神戸空港へと飛んだ。その空港から山陽《さんよう》バスという観光バスに乗り込んだ。昼食の時にドライバーから「梅村さんの本を読みました。いやー、なかなか面白かったですよ」と言われる。こういう仕事仲間からほめられるのが一番うれしいものだ。

ファンのドライバーと対面

今回、紹介するドライバーは松本空港発のツアーで知り合った。だから、つい最近のことである。

空港発のツアーといっても飛行機でどこかに行くわけではない。空港から観光バスで二泊三日で新潟をめぐるツアーである。

参加者は福岡から飛行機で松本まで飛んでくる。そしてバスで新潟まで足を延ばすというわけだ。参加者が飛行機から降りるまでの間に、ドライバーと初めて顔を合わせた。

今回はバスガイドのいないツアーである。ドライバーはごく普通の感じの人であった。地元の長野の人で、観光バスのドライバーとしてはメチャクチャ若い。

その時に受けた普通という感じがトイレ休憩の時にちょっと変わる。用を済まして私がバスに戻るとドライバーと参加者が和やかに談笑している。

ドライバーと参加者が話をすることは、ないこともない。けれども、やはり珍しいのだ。その珍しいことが、どこかに寄るたびに必ず起きる。

要はこのドライバーは人が好きで好きでたまらないといったタイプの人なのだ。ドライバーというのは仕事でわかると思うが、だいたいが車好きの人間なのだ。

その半面、人間はいまいちという人が多い。だから今回のようにドライバーの周りで朗らかな人の輪ができるというのは、はっきりいってレアなことなのだ。

そうして一日目が終わり、二日目を迎える。参加者が長岡《ながおか》の山本五十六《やまもといそろく》記念館を見学している折に、私が早めにバスに戻ってきた。

すると、「添乗員さん、もしかすると『派遣添乗員ヘトヘト日記』という本を出してないか」とドライバーが聞いてきた。年齢、前橋在住、それに参加者に話す内容などから、そう思ったとのこと（梅村達はペンネーム）。

「出している」と答えた。それからはもう大変であった。「いやー、梅村さん本人に会えるなんて、感激だなぁー」とドライバーは言うのである。

このドライバー、本が大好きとのこと。インターネットで本を検索していたら添乗員を題材にした本を見つける。それで注文して読んだら、これがメチャクチャ面白かったというのだ。

私は最初の本を出した頃、もちろんのことだが、周りの仲間たちにずいぶんセールスした。添乗員、バスガイドはともかく、ドライバーには「本はごめん」という人が多い。それで、いっしょに仕事していながら買ってくれない人が少ないのであった。

だから、このドライバーからそんなことを言われて、こちらも大感激である。おまけにサインまでねだられてしまった。もちろん、いつも以上に丁寧に書きましたとも。

その晩は二人で仲よく夕食を摂った。そして、いろいろ語り合ったものだ。ドライバーは三十五歳で独身とのこと。「結婚しなきゃダメでしょう」と昭和育ちの私。

「でも、相手が」と相方。「相手なんて、どうでもいいの」と例によって酔った私。素面《しらふ》の相方は適当に相槌《あいづち》を打ちながら、酔っ払った私につきあってくれた。

次の日も観光名所などに寄って、やがて松本空港へ。例によって空港の近くで本のセールスをした。まあまあ上手くいったツアーなので、今日はそこそこ売れるかも、と内心ドキドキしていた。

そして、いよいよ空港が近づくと、運転しながらドライバーがおもむろにマイクでしゃべり始めるではないの。

「皆様、今回のツアーも終わりに近づきました。まことにありがとうございました。先ほど紹介されました本、実は私も読んでるんです。面白かったですよ。今度の旅の思い出として、これ以上の土産はありません。ドライバーの私からもお願いします。ぜひ、買ってくださいな」と熱く語ってくれた。

すでに参加者とは仲よしのドライバーの言葉が効いたのであろう。この時は今までにないほど手が挙がりましたよ、本を買いたい、と。

バスが空港に着き、私は車まで飛んでいった。そしてサインをして本を渡した。この時ばかりは文筆業に手を伸ばして本当によかったなぁと思った。

私が本を売っている間にドライバーはバスを出した。あれ以降、彼とはいっしょの仕事はない。でも電話番号を知っているので、たまには話をしている。

ヤバい修学旅行

埼玉県のとある県立高校の修学旅行の仕事だった。朝、学校を訪れると旅行会社のチームができていた。チーフの社員、それにほかに社員が三人、そして派遣添乗員の私というメンバーであった。

チーフに社員の一人を紹介される。そして沖縄に着いたら二人で組んで行動するように言われる。

私と組んだのは、中年の男性で、ややくたびれている印象を受けた。その人は会社の営業部の所属で、修学旅行のチームの人員が足りなくなると、今回のように手伝いに来るそうだ。

修学旅行の一行は学校から羽田空港、そして飛行機で沖縄へと飛んだ。そしてバスに乗って那覇《なは》市にある首里城《しゅりじょう》を見学。それからホテルに入った。ホテルで私は例の男性といっしょの部屋であった。

夕食、そして部屋での見守りなどを終えて、私と男性は部屋へと行った。男性はせっかく沖縄まで来たのだからと売店で泡盛《あわもり》を買ってきた。そうして、いっしょに呑むことになった。

男性に酒をもらうまでもなく、私も酒を呑むつもりだった。でもまあ、こうして男性のバカ話を耳にしながら泡盛で一杯というのも、なかなかにオツなものであった。

そうして次第に酔いも回ってきて、二人とも床についた。しかし、仰天したのはそれからである、朝になって目が覚めると、男性の布団は、まるで使っていないかのごとくピーンとしている。

対して私のそれは、まるで戦場で使ったのではというようにメチャクチャなのだ。寝方が好対照なのである。

「寝ている間の寝返りがすごかったですよ」と男性はポツリと言った。そうなのだ。私は寝ている間にジーッとしていない。寝返りをバンバン打って右に左にゴロゴロするのだ。

布団を見ると違いすぎる。男がジーッと寝ていたのは明らかなのであった。

その日、男性と私に割り当てられた仕事は本部《もとぶ》町にある沖縄美《ちゅ》ら海《うみ》水族館に張りついていることであった。その日は修学旅行の自由行動で、ほとんどの生徒がそこを見学するのであった。

学生たちはグループに分かれてタクシーで自由行動する。ちょっと贅沢なのではと思ったが、公共の交通手段がほぼない沖縄では当たり前といえば当たり前なのだ。

生徒たちが乗るタクシーはホテルの前にズラリと並んでいる。そして勢ぞろいしたドライバーたちが主任の張り上げる大声で今日の役割を聞いている。

そんなタクシーの一台で我々も水族館に向かった。そして入り口で来館した学生たちをチェックしていく。

意外なことに午前中でほとんどのグループが来館してしまっている。残っているのはわずかに二組だ。

「シメシメ」と男性が言う。「午後はもう、のんびりいきましょうや」。そうしてタクシーを食事処へと向けた。

男性は沖縄に相当来ているらしく、食堂の女将と何やら話し込んで一室へと入っていった。「ここの勘定は今日の昼飯代で何とかしますから」と言う。そして男性は早速ビールを注文した。

修学旅行の昼食時にビールですか。まあ社員がすすめるのだから、それもいいかということで、グビグビいっちゃいましたとも。二人で三本も空けちゃった。旨かったねぇ、こういうビールは。

そして昼飯には、たこめしという名物料理をいただいた。私はタコが大好きなので、これも美味しかった。

昼食後は二人で昼寝ときた。水族館のあとの二組はどうでもいいや。そんなことをチラッと思いながらスヤスヤした。

やがて部屋の外で男女の話し声がする。男性のほうは私の相棒だ。何ごとかと思って障子を開けると、男性が女子生徒三人と話をしているではないか。

男性が部屋に戻ってきてタバコを吸っていたら、生徒たちと会っちゃったとのこと。赭ら顔をしていてヤバいから、あの娘《こ》たちを何とかしなくちゃと、財布をつかんでまた出ていった。

やがて男性が戻ってくる。生徒たちに人形をプレゼントしたそうだ。仕事が営業だけに立ち回りの素早いこと。

そうして、その日の夕方、ホテルに戻る。チーフと男性が笑顔で話し込んでいる。こうして何ごともばれずに、この男性のペースで過ぎていった。

その後、水族館の残り二組、そして男性の赭ら顔のことは問題にならなかった。プレゼントの人形が効いたのか。ヤバい、そしてなかなか面白い修学旅行であった。

死亡事故のドタバタ劇

この本でもすでに紹介したタダの買い物ツアーでのこと。東京の錦糸町《きんしちょう》を出発して予定通りに山梨へと向かう。参加者はほぼ満員の四十二名。ここまでは順調であった。

ところが途中の中央自動車道が死亡事故で交通ストップ。調布《ちょうふ》インターの出口で、すべての車が皆、降りなきゃいけないことになり、ものすごい渋滞となってしまった。やむなくここでバスは一般道路へと降りる。

その渋滞の最中、参加者からトイレの声が上がった。何しろ中央自動車道は最初のパーキングエリアが八王子市にある石川《いしかわ》だ。誰もがそこまでは我慢してもらうしかない。

だが我慢にも限界がある。以前に一度、大渋滞となってしまい、石川の手前の五百メートルでバスを降り、パーキングエリアのトイレまで走っていった女性がいた。その女性の必死の表情といったらなかった。

そのパーキングエリアの手前で、今回のこの騒ぎになったのである。参加者の声もわかるといえばわかるのだ。

ドライバーと相談のうえ、この渋滞を切り抜けたら、どこかコンビニにでも入るしかない、ということになった。

そうして、どうにか渋滞を抜けてバスは走り出した。ところが目指すコンビニらしきものはどこにもない。代わりに警察署が見えてきた。

一刻を争うのだ。しょうがない。あそこに突入である。というわけで、我らが観光バスは警察署へと入っていった。せっぱ詰まった人が多くて、大半は、すぐにトイレに駆け込んだ。

私は受付に行った。相手も集団で入ってきて、何ごとかとびっくりしている。私は事情を話した。先方も苦笑いして許してくれた。

さて、トイレ騒動が収まって時計を見る。すると錦糸町を出発してから三時間もたっていた。

これからしばらく一般道路を走り、それから高速道路に乗り直す。まだ東京都内にいるのだ。こりゃあ相当の遅れになるぞ。

すると私のそんな思いを察したのか、参加者から「今日の観光は大丈夫なのか」と聞かれる。私は、「昼食はどうしても外せない。そして宝石店には必ず行く。それ以外は未定です」と答えた。

私の言葉を聞いて、「だったら今回のツアーはキャンセルして家に帰りたい。だから、一番近い鉄道の駅で降ろしてちょうだい」と言われた。

その言葉に触発されたのか、私も私もと共鳴する声が湧き上がった。それで手をあげてもらい、数えたところ、半数以上が帰ることに。もとはタダのツアーだからね。

それで最寄りの駅の近くで希望者を降ろすことにした。そうしたら誘発の輪がますます広がり、次から次へとバタバタ降りていく。結局、残ったのは、わずか三分の一くらいだった。

その日は最初に昼食とした。続いて宝石店へ。最後に土産物店に寄って、それで帰りとなった。

宝石店のスタッフも参加者が少ないせいか、やや気合いが入らないようだ。いつものネチネチ感がなかった。

そうしてバスの出発地にやっとのことで帰ってきた。その折に参加者の一人から、こんなことを言われた。

「今日は、またとないツアーを楽しませていただきましたよ。とくに行きに事故の影響で一般道路を走ったでしょ。その時に府中《ふちゅう》の東京競馬場の脇の道を通ったので、珍しいものを見せていただいて面白かったわ。ありがとうございました、添乗員さん」という、うれしい言葉をいただいた。六十代後半の品のいい女性であった。

今朝のようなアクシデントをも面白がれてしまう心の余裕というか広さ。人生いろいろだけれども、見習わなくてはね。

声が出ないよ！

そのツアーは北海道の最北端の稚内市《わっかないし》にある宗谷岬《そうやみさき》をめぐったり、はたまた同じ宿に礼文島《れぶんとう》に行くほかのツアーも泊まっていたりなど、北海道北部の旅であった。

その三泊四日のツアーに立て続けに行った。その三回目、どうも朝から声の調子がおかしいのだ。そして北海道でドライバー、バスガイドと合流したあと、とうとう声が出なくなってしまった。

声が出ないといったが、本当に出ないのだ。まったくもって、である。困ってしまった。添乗員というのは参加者へのいろいろな案内がある。声が出なくては、それらが一切できないのだ。

参加者に私の声の様子を説明したうえで、半分は目で、半分はジェスチャーで伝えた。クスクス笑う人もいたが、大半はけげんな顔をした。

救いはこのツアーにはバスガイドがいたことである。ガイドに参加者への案内の件は頼んだ。

そして立ち寄る施設や宿にも代わりに電話を入れてもらった。私はといえば、ただツアーに同行してジーッとしているだけである。

ダメな添乗員というのも、いるにはいる。でも、今回に関しては私はダメ以下であろう。ただツアーに同行して何もしないのであるから。

病気の原因は本州の暑さと北海道の寒さに交互に触れたことではないか。ツアーは十月で、本州はまだ夏の名残のある暑さ。対して北海道の、それも北部となると寒いのだ。その暑さと寒さを交互に体感して、それが喉に来たのでは。これは素人の考えであるが、いずれにしても忙しくて医者には行かずじまいだった。

そんな声の出なくなった添乗員でも参加者のために一つだけ役に立ったことがある。カメラマンならぬ「ダメラマン」になるのである。

私はいつも自分のカメラの腕がいまいちなので、参加者の写真を撮る時は、「ダメラマンですが」と断る。たいていは笑ってくれる。

今回は声がダメなので、そのギャグも使えなかった。けれども誠心誠意、頑張りましたとも。

日本一の高層湿原と呼ばれるサロベツ湿原では積極的にシャッターを押した。そんなこともあって、ツアー中はダメラマン添乗員としてけっこう人気を呼んだ。

不思議なことに、一時はまったく声が出なくて困ったが、ツアーの四日目の帰りに少しは声が出るようになる。ツアーの終わりだったけどね。

さらに意外だったのは、アンケートがけっこう高評価だったのである。これからは声の出ないふりをしてダメラマンとして活動しちゃったほうが、いっそのこといいのかも。ということで、声が出なくても何とかなっちゃったんだ。添乗員の仕事なんて所詮そんなものなのかもしれないが。

私も生身の人間なので、これまでに頭痛だの腹痛だのいろいろあった。とくにギリギリで我慢した腹痛はきつかったなあ。

知り合いの大食いの添乗員も、食べ物があたったのか、具合が悪くなってしまい、バス内で横になっていたという。当然、あとのことはバスガイドに任せ切りだったそうだ。

添乗員もやっぱり人間なんだよ。笑顔の裏に隠した苦労をお忘れなく。

鼻薬が効きました

それは私が群馬県の前橋の旅行会社に所属している時のツアーであった。ひじょうにバカ当たりした日帰りツアーで、その日は県内各地から八台もバスが出た。私はその六号車であった。

山梨の河口湖《かわぐちこ》、甲州《こうしゅう》市にある恵林寺《えりんじ》などを回って、食事は笛吹《ふえふき》市にある石和《いさわ》温泉で摂ることになっていた。河口湖が少しばかり混んでいて、ちょっとばかり遅れてしまった。それで予定より少し遅く、零時四十分に、ようやくのこと、食事処に到着であった。着く前に食事処に電話すると、向こうも忙しい様子で、ハイハイとのこと。それでバスを到着させた。

食事処に着いて、私は食事会場へと参加者を案内した。会場では一人や三人などの奇数での参加者以外は向かい合わせに座ってもらった。そうして全員の席が埋まった。

料理はもう席に出ている。あとはご飯だけだ。しかし、いつもは会場にいるスタッフが今日はいないのだ。今日は八台もバスが来るので忙しいのだな。私は部屋から出ていった。するど近くにスタッフがいた。何か気まずそうな顔をしている。「申し訳ございません。ご飯がちょうど切れてしまいまして」と言われた。「エーッ！」である。

調理場に行ってみる。そこは皆、バタバタしていて戦場のようであった。あるスタッフに聞いてみると、「あと十五分ほどで炊けますから、もう少しお待ちください」とのこと。私は先ほどの会場に引き返し、今聞いたことを参加者に伝えた。全員、シーンとした。眼前に並んでいる料理が恨めしいではないか。

私は旅行会社に、とりあえず今の状況を説明した。担当者もギョッとしたようだった。そうこうしているうちに調理場で言われた十五分が経過。けれども肝心なものは一向に出てこない。

私はまた調理場に行ってみた。ようやくご飯が炊けたみたいで、大急ぎで用意しているところであった。皆、大忙しで、誰かに声をかけられるような雰囲気はまったくなかった。会場に戻ると旅行会社から連絡が入る。その後はどうなったのかと聞かれる。ようやくご飯が炊けたようだと伝えた。

担当者はウーンとうなった。そして食事処の責任者と電話を替わってくれと言った。それで電話を替わった。

そうこうしている間に、ようやく待ち構えていたものが運ばれてきた。皆、お腹もグーグーのはずだ。ご飯が配られるやいなや、箸と口の動きの速かったこと。

結局、何だかんだで我々のツアー一行はそこで三十分近くもムダな時間を過ごしてしまった。まったくトホホである。

しかもご飯が切れたのは我々の六号車だけなのだ。もっとも、ほかのバスもこんなことになっていたら、それこそ大問題になっていただろうが。

いろいろあったが、食事も終わり、バスの出発となった。旅行会社の担当者が食事処に何か言ったのであろう。向こうの責任者が大きなダンボール箱を運んできた。

そして、「本日はまことに申し訳ございませんでした。これはほんの気持ちでございます。お荷物になりますが、どうかお持ちくださいませ」と言って深々と頭を下げた。

座席の参加者たちは無意識を装ってはいたものの、期待に胸をふくらませている雰囲気であった。

そうして私たちのバスは食事処をあとにした。責任者と何人かのスタッフがいつまでも頭を下げ、手を振って見送ってくれた。

バスが出てしばらくしてからダンボール箱を開けた。入っていたのはなかなかに素晴らしい菓子であった。

早速、参加者に配っていった。皆一様に満足した顔を浮かべていた。どうやら鼻薬は効いたようですな。

ツアーの終了間際に例によってアンケート用紙を配る。ああいうトラブルが良かったのか悪かったのか、ひとまず食事処の評価はまずまずであった。

また、思いのほか、いつになく私への評価もいいのだ。どうやら参加者たちは私が頑張って食事処から菓子を引き出したと思っているようだ。そういう勘違いはそのままにしておくに限る。

果物を狩るツアー

団体ツアーの観光の目玉として果物狩りというのがある。果物にはひじょうにたくさんの種類がある。私もずいぶん行ったものだ。

まず、冬を代表するのがイチゴだ。イチゴというくらいで、収穫期は一月から五月くらいまでである。冬の寒い時期が旬で、春ともなると味が落ちてしまう。

それでイチゴ狩りのおまけで一パックあるいは二パックの土産つきというツアーもある。けれども、おまけにだまされてはならない。果物狩りは、やはり味のよい時期がベストなのだ。

イチゴはやはり栃木が最高だ。よく行く足利《あしかが》の農園は売店コーナーにイチゴを使ったケーキがズラリとそろっている。それがまた、いずれも美味しいとくる。

この農園で厄介なのは、たまにイチゴのなっている畑まで十分ほど歩く時があることだ。健康に恵まれた人なら十分くらいと思うだろう。

だが十分がきつい人が中にはいるのだ。大きな声では言えないが、農園でもそういう人にはこっそり近くの畑を案内しているのだ。

春から夏、そして秋ともなると、それこそ果物の天国だ。山梨は桃、ブドウ、サクランボなどの一大産地で、本当にフルーツ王国なのである。

桃狩りというのをしたことがありますか。桃というのは、なっているのを木からじかに取り、皮を剝《む》いて食べると硬いのだ。まるでリンゴのようなのだ。

だから慣れてくると農家が獲《と》っておいたものに手が伸びるのだ。柔らかいのを食べるなら、そのほうが全然いい。本当の桃狩りではなくなっちゃうけど。

あるツアーで参加者に「桃狩りが夢だったんですよ」と言われる。その方は三十分の制限時間内に何と十個も食べたという。私は一個、あるいは二個くらいはいただくが、それ以上は無理だ。

ブドウ狩りでは注意してもらいたいことがある。巨峰《きょほう》という粒が大きくて全体も大きいのがある。最近ではシャインマスカットか。あの一房を切り取って全部食べることができればいい。

しかし、農園によっては食べ残したのを買い取らせるのだ。それもいい値段で。ブツブツ文句を言って買い取っていた参加者がいたものだ。

さて、少し高価であるが、ビワ狩りというのもある。これは、ものがものだけに、少々うるさい点もあるのだ。

あるツアーで畑に行った折のこと。参加者が順に畑に入っている途中なのに農園のスタッフがビワ狩りについての説明を開始した。

そうしたら列の後ろのほうの参加者から、「そういうのは全員が畑に入ってからにしてくれよ」と声がかかった。高いものだから目が血走っているのだろう。

参加者が参加者ならスタッフもスタッフだ。制限時間は三十分なので、スタッフがちゃんと時計を見ているのだもの。桃やイチゴなんかじゃありえない厳戒態勢なのだ。

高価だけあって、そのビワの味はさすがだった。私もめったにビワ狩りには来ないので、五個もいただいてしまいましたとも。

果物狩りで最もポピュラーなのは、やはりサクランボであろう。私の添乗員としての最初の果物狩りが、これであった。好きなせいもあって、いつも少しは味見させてもらっている。

ある年輩の方から、「今日は体調がいいから、年の数だけ食べちゃった」と言われる。

はたして五十個なのか六十個なのか、はたまた七十個なのか。中学生や高校生なら百個くらいはいけちゃうんじゃないの。

あるツアーで、渋滞につかまった。それで農園への到着が遅くなり、夕方となってしまった。

すると、そこのスタッフが車座になって、もう酒盛りをしているのだ。いい気持ちになっちゃって、適当にやってくれ、だもんね。まいっちゃうよ。

サクランボが最も美味しいのは何といっても山形だ。けれども関東から山形というのはやっぱり遠い。

ある日の日帰りサクランボ狩りのツアー。千葉を出て山形の農園まで一直線。そして三十分のサクランボ狩り。行きと帰りに一カ所ずつ道の駅で買い物に寄ったきりだ。

つまり本当に純粋なサクランボ狩りツアーなのである。あとはただひたすらバスに乗っているのみ。でも、誰も文句なんか言わない。それだけ遠出しても価値のあるサクランボなのだから。

私が添乗員になった初期の頃のツアーだ。往復七百キロメートルを走った。それを一人のドライバーがまかなう。今ならそんな長距離ドライブは許されない。二人体制のドライバーで行くのだ。

昔は添乗員、ドライバーのことなんか考えず、デタラメなツアーを組んでいたものだ。とはいえ今でも添乗員に関しては基本的に変わらないけれども。

身体が不自由な人のツアー

団体ツアーに参加する人というのは健康に恵まれた人がほとんどである。今でもそれが半ば当たり前なのだ。では、そうではない人がツアーに参加したらどうなるのか。いろいろ難しい問題がある。

以前に脚の不自由な人がツアーに参加したことがあった。不自由といっても、まったく脚が動かないというわけでもない。ただ障害のない人から見ると多少において融通がきかないといったところか。

その人がバスの前席を希望した。バスの座席というのは原則、ツアーの申し込み順で決まる。けれども、そういう事情があれば致し方がない。それで私も前の席を用意した。

ところが、それが問題だったのだ。バスが停止する。すぐにでも参加者がバスから降りようとする。ところが先頭のその人がゆっくりペースで移動するものだから、後ろがつかえてしまうのだ。

後ろにできた列に並ぶ人々は皆、イライラした顔つきをしている。それが一回や二回ではない。バス内の渋滞は一日中発生し続けたのである。

こちらからは言い出しにくいのであるが、逆にその人が最後にバスを降りたらどうであろうか。いくら時間がかかろうが何をしようが、後ろには人がいないのだ。

また、別のツアーでは車椅子利用の人が参加した。ツアーの前の準備段階で担当者から「あまりその方に手を焼きすぎないように」と言われた。

どういうことかというと、以前のツアーで添乗員がその車椅子の人の面倒ばかりを見た。それで一般の参加者からクレームが来たということだ。

だから、「今回のツアーでは、車椅子の人は障害のない奥さんに一切を任せる。そして添乗員たるあなたは、皆に平等に目を配って、普段通りに仕事をしてくださいな」と言われた。

実際のツアーでは私は担当者の指示通り、奥さんにすべてを任せた。ツアーの進行にいつも以上に多少の時間はかかったものの、とくに問題になることはなかった。

さらにトルコを訪れた折のツアーのこと。やはり身体に障害のある夫と障害のない妻が参加した。身体の不自由な旦那さんを奥さんがあれこれと丁寧に介護していた。

その夫婦がずいぶんと後ろに離れている時、ツアーの参加者が、「まったくあの身体でよく海外まで行こうなんて思ったものだよな」と語っていた。

いつもその夫婦はバスの出発時間に少し遅れてやってくる。動作がややスローモーだから仕方ないのだが、毎回毎回のその遅れがカチンとくる人にはくるのである。

それくらい身体にハンデのある人がツアーに参加するというのは、いろいろ悩ましい問題があるのである。

最近の九州への三泊四日のツアーのこと。そのツアーに超高齢の夫妻が参加した。ただし奥さんが脚を悪くしていて車椅子を利用するとのこと。

行きの空港でのこと。全日本空輸（ＡＮＡ）には旅行会社から脚の不自由な人が参加すると伝えてあった。すると羽田空港、福岡空港のいずれの空港でも、ちゃんとスタッフがつきっきりで車椅子を用意し、押してくれるではないか。

羽田空港では荷物を預ける場所から女性スタッフがついて飛行機内まで案内してくれる。そして福岡空港では飛行機内までスタッフが入ってきて少し離れたバス乗り場まで送ってくれるのであった。

往復ともにANAでは無料のサービスなのだ。ひじょうに親切な応対ぶりに、ここまでしてくれるのか、と感心したことしきりである。

そして九州のバス会社では車椅子の用意がしてあった。ただし、これには使用料として日に千百円がかかるのであるが。それにしても車椅子利用の人でも飛行機、バスに乗って観光ができるのだと思った。

このツアーでは三日目に大分県の由布市《ゆふ》にある由布院《ゆふいん》温泉の自由散策というのがあった。昼食ともどもで二時間を取った。大半の人は金鱗湖《きんりんこ》を散策し、その後は食事処でランチか、温泉街で好きなものを買い食いしたようである。

ちなみに現在、由布院はアジア系の外国人天国なのである。中でも韓国人は由布院に来るのが夢なのだとか。

韓国の人気ブロガーが、ここでコンクールで金賞に輝いたコロッケを食べて評判を呼んだそうな。そういわれれば韓国人っぽい人がコロッケを気取って食べて写真に撮り合っていたっけなぁ。

さて、例の車椅子の夫妻はバスの停まっている駐車場まで人力車を呼んだ。そして人力車を引くお兄さんの案内で一時間半ほど湯の街をブラブラめぐったとのこと。案内人がユーモアのある人で、楽しいひとときを過ごしたそうな。

この夫妻は昼飯に案内人おすすめの地元のパンを買ってきた。そうしてバスが出発したあとで座席でゆっくり食べていた。自由散策の時間をフルに活用するなら、人力車の案内人ではないが、そういう手もあるのだ。

この夫妻の悦楽のひとときに接して、私も身体の不自由な人に対する処し方を変えていかなければと思った。添乗員こそがまずバリアフリーにならなきゃ、である。

「日本の身体にハンデのある人の意識が低い」などという心ないことを言った人がいる。そういう人が問題にするのは、ここはどのくらいの障害者割引があるのかということだからだ。

そもそも欧米では障害者割引などないのだ。障害者も障害のない人と同じレベルのサービスを受けることができるからだ。

今回のあの夫妻はお金に余裕があるからこそ、人力車を呼ぶなどして充実した時を過ごすことができたのであろう。

でも今は過渡期なのだ。高齢化の進展にともなってツアーに八十代の人がパラパラ参加するようになった。これからは九十代といった超高齢者たちも増えてくるであろう。

また、パリのパラリンピックでの身体にハンデのある人たちの活躍を、あなたはどう見たか。これからはいろいろなハンデがあっても、なくてもいいではないか。

団体ツアーの参加者は元気で身体が動くこと、その前提が過去のものとなりつつあるのでは。そんな気がしてならない。

期待してがっかり

学生の時に『ベニスに死す』という映画を観《み》た。トーマス・マンの原作で、一九七一年イタリア製作。監督はルキノ・ヴィスコンティ。

しびれちゃったねぇ。よくて、本当によくて、三十回は観たのではないか。

東京の池袋の文芸坐《ぶんげいざ》という名画座で観た時に美少年のビョルン・アンドレセンのことを女性と勘違いしている中年男性がいた。それくらいの勘違いを生む妖しい魅力に満ちた作品なのだ。

また、テレビ放映をしていた時にはすぐに画面を切ってしまった。テレビの吹き替えが耐えられなかったのである。

別にその時の吹き替えが悪い出来というわけではない。ただ純正の映画を観て感銘を受けた身としては、まったく乗ることができなかったのだ。

念のため、観ていない人のためにストーリーを記す。中年の男性がベニスで美しい男の子に恋して恍惚《こうこつ》としながら死んでいくという話なのだ。ただそれだけの話だからこそ、私はしびれてしまったのだ。

この時のベニスが映像美の極致なのだ。それでストーリーもないこの作品に魂を奪われてしまったというわけなのである。

あの名優のダーク・ボガードが死に取りつかれ、彷徨《さまよ》った街に、私もいつかは訪れてみたい。そう長いこと念じていた。

その時がついにやってきた。最初に訪れた時は海外添乗員の研修ツアーの際だ。添乗業務はしなかったものの、その見習いのようなものである。

船に乗って島に着くまではドキドキした。けれども行ってみればがっかりである。とにかく観光客が多くて、死の余韻など、どこをどう見回してもないのよ。

その後、添乗員として三回、かの街を訪れた。いずれの時もわんさかの人なのだ。これでは地元の人でなくても「オーバーツーリズムだよ」と文句の一つも言いたくなってしまうではないか。

今、ベニスでは日帰りの客に対して入島税を取ることを決定した。これで、あの混雑もいくらかは解消されるかも。

それにしても、やはりあれはルキノ・ヴィスコンティという監督による偉大なる幻なのか。幻を直視しようとしたのが、そもそものミスなのだ。

同じく日本でがっくりきたのは神の島と崇《あが》められる広島県の廿日市市《はつかいち》にある宮島《みやじま》である。きっと皆さんも、ここにはある種の憧れめいたものがあるのでは。ベニスと同じく、ここも船でなくては行くことができない。そのアプローチが何とも素敵なのだ。でも、その船がやけに混んでいるのだ。イヤな予感が漂ってくるではないか。そうして島に着いてみれば、やっぱり人、人、人の群れ。これでは嚴島《いつくしま》神社に参拝に来たのか、人を眺めにやってきたのかわからないではないか。

神社の創建は飛鳥《あすか》時代とのこと。そして平安《へいあん》末期に平 清盛《たいらのきよもり》が修造《しゅぞう》して今の姿になったという。

干潮、満潮で大鳥居に接する海面の位置が微妙に変わる。その位置関係の変化が魅力的なはずなのであるが、こう人が多くてはね。

その夜は広島市のホテルに宿泊。夕食はホテルの近くのお好み焼き屋さんでいただくのだ。私はこれが大好きなのだ。宮島がダメでも、せめてこれだけは、と期待に胸をふくらませた。

だが、その願いもアーアである。何なのだ、これは。家で妻が作るのとたいして変わらないぞ。いや、妻の作るほうがまだ旨いよ。あまりにも悲しすぎるツアーではないか。広島には美味しいお好み焼き屋さんもたくさんあるはずなのだが。

だが、旅行会社によってツアーは劇的に変わる。次回は宮島に宿泊するツアーの添乗についた。船着き場で船の到着を待つ。着いた船からはおびただしい数の人が降りてきた。

それに対して我々のツアーの乗客はほんのわずか。もう火ともし頃なのだ。夕景の中で恍惚の思いにとらわれる。そうした黄昏時《たそがれどき》の中を宿へと着いた。

夕食後、海面にたゆたう大鳥居を静かに心ゆくまで見守った。思い通りの宮島に出会えて、やっと得心した。

翌朝、貸し切り状態のようなまま嚴島神社に参拝した。前回は人で埋まっていた神社が神の島さながらのようであった。シカまでのんびり優雅に歩いちゃってる。

そうして神の息吹をたっぷり浴びて船着き場に向かう。すると修学旅行生や外国人たちがダーッと来るではないか。

フー、危ない危ない。ここからは、いつものにぎやかな島の始まり始まりなのだ。

そういえば宮島で宿泊した旅館には外国人が多かった。スタッフに聞くと、「そうなんですよ。今では日本人より多いくらいですからね」とのこと。

その外国人も欧米人ばかりで、中国人や韓国人などのアジア系は来ないそうだ。「だから、英語の勉強になります」とスタッフは述べていた。

思い返せばベニスも日中に行くから大混雑なのだ。ベニスが目的の第一という人は絶対に島に泊まるツアーを選ぶべきだ。

終章

我が人生という名の旅路

おばあちゃんと母親、二人の女性

一九五三（昭和二十八）年、私が産声を上げたのは、東京は阿佐ヶ谷《あさがや》の河北《かわきた》総合病院である。この地区の中心的な大病院なので、ご存じの方もいるだろう。

祖母（おばあちゃん）が阿佐ヶ谷にあった山一證券《やまいちしょうけん》の寮母をしていたのである。山一證券は私が生まれてから数十年後に倒産してしまった。その点は私の人生とは何の関係もないのであるが。

おばあちゃんは私を目の中に入れても痛くないというほどに可愛がりに可愛がって育ててくれた。私一人が大切な孫なのだ。

よくテレビドラマなどで孫の言うことはハイハイと何でも聞くというおばあさんがいるでしょう。私のおばあちゃんは、まさにそうであった。まあ、私は生粋《きっすい》のおばあちゃん子だった。

一例をあげれば、朝ご飯の時に目玉焼きが冷たくなっていると、おばあちゃんに文句を言う。すると、おばあちゃんは孫の駄々をただただ黙って受け入れ、すぐに温めてくれるのだ。

ある時に親戚の家に泊まりに行って同じことをした。すると、その家のおばさんは、「だったら食べるな」と強い口調で言った。甘えん坊はシュンとして黙って食べた。

おばあちゃんは私が高校生の時に死んだ。あれほど溺愛してくれたのに、その頃の私は家にはほとんどいないというほど遊び歩いていた。

おばあちゃんの墓は長野県の上田《うえだ》にある。長野へは添乗の仕事でよく訪れる。だから墓参りもたびたびだ。そのたびごとに出来の悪い孫は涙を流すのだ。

結婚して妻に言われた。

「あなたは自分の育った家を欠損家庭だと言うけれども、おばあちゃんがいてくれてよかったのよ。私にはそんなに思ってくれた人なんて、誰もいなかったもの」

妻は会社を経営している父親のもとで裕福に過ごした。しかし、両親そろって教育虐待の気《け》があった。それでずいぶん苦しんだという。一見、平和で幸せそうに見える家庭にもいろいろあるんだね。

ところで、おばあちゃんの父親、つまり私の曽祖父に当たる人は何と裁判官だったという。こんなデタラメな人生を送っている自分に人を裁く人の血が流れているなんて、どうにも信じられないのだ。

幼少の頃の思い出といえばコニコレに尽きる。コニコレとは何ぞや。私以外のすべての人はまったくわからないはず。

それはそうだ。だってコニコレというのは私の造語だもの。

コニコレとはランニングシャツの首の近くの細い部分、九〇度近くに曲げた手の指二本で根元をはさんで、力を入れてグニュグニュするのだ。はさむのは人指し指と中指。

その指の根元をあれやこれやと刺激して快感を得るのだ。もちろんランニングシャツ以外の丸首シャツやポロシャツでもやった。

それに夢中になっていたのは三歳か四歳頃のことだ。自分のことながら、不気味な子だよね。

大人になった今だから思うのだが、コニコレは疑似セックスではないのか。私はそんなひそかな悦楽を独りで楽しんでいた。うっとりしながらね。

そんな幼児ながらの気持ちのいいことにふけるくらいだから、私は子どもながらに独りが好きだったのだ。まったく可愛くない子だ。

当時、すでにおばあちゃんも母親も離婚して独りぼっち。そして奇妙なことに勤《いそ》しむ幼い子。そんな奇《き》天《て》烈《れつ》な家庭環境で私は育っていったのである。

身体の中に何かが訪れた！

やがて小学校に入る。小学校の成績は可もなく不可もなくといったところ。まったくの平凡な子であった。

そうして阿佐ヶ谷で、およそ十年を過ごす。半世紀も前のことだ。世の中は貧しくて、そしてのんびりしていたっけ。

おばあちゃんが寮勤めを定年となり、一家は埼玉県の大宮《おおみや》へと引っ越す。これが私の転機となった。

都会の片隅に暮らしていたのが、いきなり田舎へと転居したのだ。政令指定都市のさいたま市となった今と違って、半世紀も前の大宮だ。しかも駅から離れた、周りは田んぼだらけという本当のド田舎なのだ。

十歳の子どもながらに都落ちという悲哀を味わいましたとも。数日間は泣きたい思いだった。

しかも学校には同級生がヘビを持ってきたことがあった。そのヘビを投げつけられて、この世の地獄だと思った。

しかし、子どもというのはたくましい。だんだん環境に慣れていく。そのうちに嬉々として自然の中を飛び回ったものだ。

そして、もう一つ変わったのが学校の成績なのだ。東京では通信簿はオール三。それが大宮では算数が五になったのだ。

東京の学校のほうが授業の進み具合が速く、大宮では二度目の学習となったせいか。それにライバルはヘビ小僧のごとくボーッとしている連中がほとんどだ。

その成績には自分でもびっくり仰天だ。そして喜んだとも。さらに同級生の私を見る目が今までとは微妙に違うのに気づいた。

その違いは快感であった。そうして勉強にも励みましたとも。「あいつはできる」と一目置かれて学校に行くのが楽しくなったのだ。

そして小学校から中学校へ。中学校でも優等生として頑張りましたとも。

中学校では一応、剣道部に入った。でも練習がイヤでイヤで、試合ではいつも負けてばかりだった。

そして中学生といえば色気づく。けれども不思議と私はそちらのほうには無関心であった。理由は高校生になってわかったのだが。

それでも優等生で凛々《りり》しかった（？）私は女の子にそれなりにモテた。高校でもそんなことがあればよかったのに。


テストの成績がよかったので、高校はレベルの高い進学校に入学した。当然、優等生の集まりなのだ。勉強するのが当たり前の生徒ばかりであった。

高校生になって一つ変化があった。それも人生における劇的な一大変化である。生理的に大人になったのである。

中学生の時に周りに人を集めてエロ話をするやつがいた。その話にいま一つ、ついていけないところがあった。私は身体の成長が遅くて、まだ「男」になっていなかったのだ。目覚めたのは高一の夏休み。その頃、何かが我が身体を訪れた。以来、世界が激変してしまった。

私が進学したのは高校の男子校である。教員は皆、男性ばかり。女性といえば食堂のお疲れ気味の中年女性だけ。いってしまえば刑務所のようなところなのだ。

だから雑誌などで刺激を受けた。時には興奮しすぎてしまい、寝つけないということもあった。中学生の時には、そんな危ない洗礼を受けなかった。中学の同級生たちは悶々《もんもん》としていたのだ。

何かに目覚めると同時にパチンコにも手が出た。そして映画館にも通いつめた。その結果、成績は急降下である。

あれは高二の時か。ついに数学のテストで零点を取ってしまった。人生初の零点だ。ショックだった。けれども、そこでどうにかしようと思わないのが当時の私なのだ。

どんな世界にも落ちこぼれはいるものだ。クラスに数人は私のごとき勉強とは無縁の輩がいた。そんなこんなで高校の成績は最下層である。

私は成績も下だが、授業の出席日数も不足気味であった。担任の教師が話のわかる人で、そんなダメな私にもいろいろアドバイスしてくれた。その先生のおかげで、どうにかこうにか刑務所を脱出することができた。

とにかく高校時代は身体が火照ったみたいであった。同級生たちは、そんなことをおくびにも出さず、勉強に勤しんだ。たいしたものだ。

映画監督にもシナリオライターにも向かない

そうして大学受験の時がやってくる。現役で受験の時は見事にすべて落ちてしまう。でもクラスの半分ほどは私と同じ浪人なのだ。どうということはないのである。

そして一浪のあと、どうにかある大学にすべり込む。春になって大学の門をくぐり、キャンパスに足を踏み入れる。周りの緑がやけに目にまぶしかった。

ただ大学に入ったはいいものの、机に向かうということはまったくしなかった。高校生の時以来、勉強の習慣がなくなってしまったのだ。それでよく大学の門をくぐれたものと、自分ながらにびっくりだ。

代わりに麻雀《マージャン》が生活の中心となった。毎日毎日、よくやったものだ。二年近くはポン、チーばかりであった。

そして相変わらず映画はよく観た。私の麻雀仲間には昼間に授業に出ている者もいた。私はその間は映画館の暗闇に身を沈めていた。

そうして大学を卒業して、どこかの会社に入るという人生行路は、とてもではないが、思い浮かばなかった。サラリーマンの自分の姿を思い浮かべると、我ながらに恥ずかしくなってしまう。

そして大学に籍を置きながら映画の学校へと入った。いわゆるダブルスクールというやつだ。さすがにその学校の経費は家に出してくれとは言えなかった。自分でアルバイトして学校に通ったので、こちらは勉強しましたよ。

映画界の人ともつながりができて、映画の製作現場で仕事をした。しかし、集団でものを作るというのに、どうにもなじめなかった。

だいいち目指していた映画監督はどうも自分の器量では無理だと感じた。大勢の人間を引っ張っていくなんて、どう見たって自分には無理だと観念した。

それで次にシナリオライターを目指すことにした。ただし二十代の頃の自分はシナリオを執筆する以前に、机でジーッとしているのが苦手であった。それで威勢のいいことばかり言っていたが、肝心の努力の二文字は欠けていた。

その一応はシナリオの勉強中に、ある出版社でアルバイトをした。そして一歳年下の女性と出会う。

孤独の影が漂う女性であった。何かドキドキしてしまった。やがていい仲になってしまう。それが今の妻である。

そして修業中の身でありながら結婚ということになった。相手の家は裕福だった。よく無職の私のところに娘を嫁がせたものである。

結婚を機に就職する。塾の教師である。その仕事を二十年くらいも続けた。その間に子どもも二人できて、まずは幸せな家庭生活であった。

塾の教師を自分が続けることができたのは、一言で言ってしまえば自由だからである。教壇に立つ。あとはどうしようと本人次第なのである。

自由はいいのだけれども、生徒に嫌われたらアウトなのだ。だから、そういう点では添乗員と似ているところもある。

すごい学歴があっても生徒に嫌がられる教師もいる。また、話し方がいま一つで生徒に人気のない人もいる。かと思えば、デタラメなところがあるのに学生の受けがいいという人もいる。人生いろいろなのだ。

そしてネクタイをしなくてもいいのが自分には向いていた。のちに五十歳になって添乗員となった時に、生まれて初めてネクタイを締めたものだ。

そんなある時、新聞で旅行作家塾の塾生募集の記事を目にとめる。旅行関連のライターを育てようというのだ。興味を引かれてその塾に入ることにした。

その塾の先生は旅行の記事を書くライターたちであった。意外にも先生方には地味なタイプの人が多かった。

とにかく週に一度、そこでみっちり学んだ。塾の教師がまた別の塾で勉強するというのもなかなかに滑稽ではないか。

そうして旅行とは無関係な四十歳の男性が旅行記事を書くライターとなったのだ。学習塾の教師とライターの兼業である。でも面白いのはライターのほうだ。やがて塾のほうからは足を洗った。

ライターとして各地に取材で訪れた。それまで塾の生活しか知らなかった私としては何から何まで興味深かった。

やがて仕事の内容がじょじょに広がっていく。旅行のほかにも人物にインタビューして記事を書くという仕事にも手を広げた。そうして一時《いっとき》には寝る間を惜しんで仕事に精を出した。

ついに出会った天職

しかし、「はじめに」でも触れた通り、業界が縮小方向へと向かい、仕事がどんどん減ってきた。そんな時に知人に紹介されたのが旅行会社の添乗員であった。最初は週に一、二回という軽い程度で添乗員生活をスタートさせた。けれども仕事を始めてみると、この業界は私に向いていたのである。

バスの中でマイクを使ってあれやこれやとツアーの参加者に説明をする。それがルールというものが、あるような、ないようなものなのだ。

要は添乗員次第というわけだ。塾の教師と似ているのだ。そこが気に入って長く続いているのだ。

という具合に我が人生を簡単に振り返ってみた。この中で塾の教師時代は一応、会社員であった。といっても普通の会社員と違って、ゆるゆるのサラリーマンではあったが。現在はもう年金をいただきながらの気ままな生活である。浮き世のしがらみとはまったくもって無縁。ほんわかと、のんびりと生きている。

幼い時はおばあちゃん子で育った。現在の私はタフな身体をしている。けれども幼少の頃は、よく病気をしたものだ。そんな時におばあちゃんは、よくしてくれたっけ。現在の私は彼女が死んだ時の年齢より、すでに年上なのだ。長生きしたんだね。まだまだ生きるよ。

そして三十歳に近い頃からは妻の世話になっている。もう四十年以上もそうなのだ。もとは赤の他人なのにね。

妻が外出して家で一人になる。すると、どこに何があるやら、まったくもってわからない。ダメな亭主を絵に描いたようなものだ。

私は人づきあいが苦手で、友人と呼べる人はいない。そんな私に妻がいるのだ。縁というのは恐ろしい。

考えてみれば、おばあちゃんと妻という二人の女性に支えられて生きてきた。もっと女性に感謝しなくちゃ。

何より妻には原稿の執筆に際していろいろアドバイスをもらっている。妻には妻の感性がある。その異なるカラーが原稿に色を添えてくれるのだ。

ところで我が人生を顧みると、男子だけの高校生活は、その当時は苦痛以外の何ものでかもなかった。はっきりいえば地獄の三年間だった。

でも年を重ねてくると不思議に貴重な経験に思えてくるのだ。何かに悶々とした期間、周りに同年代の女性がいなかったのが、かえって幸いではなかったか。

最近の添乗の仕事は長野県内発が多い。自宅から長野の各地まで車で行く。その車中で聴くのは図書館で借りた昔の音楽ばかりである。

中でも胸に響くのは一九六〇年代のものだ。それも中学生の頃に聴いた曲だ。たとえばグループ・サウンズ（GS）などは最たるものだ。

やはり十代というのはナイーブなのだ。その純朴な頃に聴いた音楽が人生の宝になるのだから。

とくに中学生の期間は高一の時に私の身体を訪れた何かのように、はかないものだ。当時はまだ、そんなしゃれたこととは無縁であったが。

三田明《みたあきら》の曲に、「美しい十代」というのがあった（一九六三年）。まさにそれだ。悩み多き十代は美しいのだ。

おわりに

ツアー添乗員の終《つい》の住《す》み処《か》とは

添乗員を題材にした前二作と今回の作品の間で大きく変わったことがある。引っ越しをしたのだ。

私は年を取ったら三年に一度くらいのペースで九州や北海道など全国各地に移り住もうと考えていた。生活をしながら旅をするのである。

それが前橋に移転していつしか七年もたってしまった。意外に上毛《じょうもう》の山々に抱かれたこの地が気に入ってしまったのである。

ところが妻が千葉に戻りたいと言い始めた。そしてインターネットで我孫子《あびこ》の団地を見

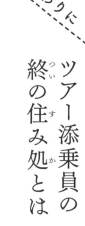

つけ、そこに引っ越そうと言い始めるのだった。

娘二人もそちら方面に住んでいる。年も取ったのでしょうがないかなぁ、ということで引っ越しを決意した。

妻いわく、年を重ねて身体も動かないし、これが人生最後の引っ越しとのこと。仕方ないか。流転の人生は生まれ変わってからということで、私も同意してしまった。

そして、もう一つ告げたいのが、この原稿の執筆場所である。今回はほとんどを群馬県の草津《くさつ》温泉で仕上げた。

といっても車中泊をして図書館でシコシコ書いたのである。前の二作も草津でそれなりに執筆したが、ほとんどというのはこれが初めてだ。

娘に「草津に行って原稿を書いてくる」と言った。「まるで文豪みたいだね」と言われちまった。そうエセ文豪を気取って書き上げたのがこの作品である。

二〇二四年の夏はいつになく暑く、皆さんも苦しんだことでしょう。でも草津は日中でも涼しく、図書館にはクーラーもないのだ。朝晩は肌寒いくらいだったな。

図書館のスタッフは毎日小汚いオッサンがいそいそ通って、辞書を使って何してるのかしらんと不思議だったと思うよ。

そして原稿を書き上げ、帰りに前橋に寄った。いつも散歩していた利根川《とねがわ》沿いのコースに来た時、泣きそうになっちゃった。一瞬だったけれどもね。

引っ越しをして、また財産が一つ増えたよ。これからも前橋にはたびたび来るとするか。

草津の涼しさと温泉が作り上げた『旅行業界ぶっちゃけ話』。これが、ぜひ話題となりますよう、祈らずにはいられない。

梅村 達

旅行業界《りょこうぎょうかい》ぶっちゃけ話《ばなし》
日雇《ひやと》い添乗員《てんじょういん》が見《み》た懲《こ》りない人々《ひとびと》

2025年2月14日　第1刷発行

著　者　梅村《うめむら》 達《たつ》

ブックデザイン　HOLON
イラスト　いながきちえこ

発行人　畑 祐介
発行所　株式会社 清談社Publico
〒102-0073
東京都千代田区九段北1-2-2 グランドメゾン九段803
TEL:03-6265-6185　FAX:03-6265-6186

印刷所　中央精版印刷株式会社

ISBN 978-4-909979-74-2 C0095

清談社
Publico

https://seidansha.com/publico
X @seidansha_p
Facebook https://www.facebook.com/seidansha.publico

TATSU UMEMURA